¡Larga vida a la empresa familiar!

Guía práctica para poner a punto tu negocio

José Álamo Ramírez
Pablo Álamo Hernández

Título: ¡Larga vida a la empresa familiar! Guía práctica
para poner a punto tu negocio.
Copyright © Pablo Álamo Hernández <2019>

Primera impresión: <2019>
ISBN <9781086665581>
Diagramación, diseño de portada y contraportada:
Mildrid Odeth Delgadillo Vergara

CONTENIDO

PRÓLOGO ··· **5**

PRESENTACIÓN ·· **10**

EL ORIGEN DE ESTE LIBRO ····················· **11**

INTRODUCCIÓN ·· **15**

El negocio familiar no es un juego, pero
necesita unas reglas de juego ················ 16

Las reglas son un medio, no un fin ·········· 20

Las raíces de un protocolo exitoso ··········· 21

CAPÍTULO 1: LO QUE ES NECESARIO CONOCER ··· **24**

1.1. Para realizar un buen Protocolo ·········· 25

1.2. Para garantizar que el Protocolo funcione ····· 28

1.3. Para saber si el Protocolo está sirviendo ······ 30

**CAPÍTULO 2: CÓMO REALIZO EL PROTOCOLO
FAMILIAR DE MI EMPRESA** ························ **117**

Tareas previas ···································· 118

El proceso ·· 118

**CAPÍTULO 3: CÓMO LA FAMILIA QUESADA
REALIZA SU PROTOCOLO FAMILIAR** ·········· **130**

CAPÍTULO 4: ANEXOS ······························ **205**

ANEXO I: TEXTO DEL PROTOCOLO FAMILIAR
DE LA FAMILIA QUESADA ························· 206

ANEXO II: DEFINICIONES DE PROTOCOLO
FAMILIAR ·· 236

ANEXO III: NORMAS DE IFC SOBRE
GOBIERNO EN LA EMPRESA FAMILIAR ······· 238

PERFIL DE LOS AUTORES ························· **259**

BIBLIOGRAFÍA ·· **262**

AGRADECIMIENTOS ································· **263**

PRÓLOGO

Por Alfredo Meneses

Una empresa familiar no es sólo una empresa. Esta afirmación, aunque parece una obviedad, merece que se resalte. Con un socio, te juegas el dinero; con un familiar, además del dinero, pones sobre el tapete la cohesión familiar.

(José Ramón Colell Farré, Presidente Fundación Pegasus)

Hoy en día, los modelos de negocio cambian de una manera vertiginosa. Es mucho más evidente que quien no reacciona a tiempo, incrementa sus posibilidades de pasar tristemente a la historia.

Es muy clara la influencia de la tecnología y la innovación en todas las áreas de la empresa. El poder de hacer que las cosas sucedan, y no sólo quedarnos viéndolas pasar, está en nuestras manos, en los directivos y tomadores de decisión en las empresas. Considero que este poder está, de modo especial, en las familias empresarias, por el volumen y transcendencia que ellas tienen en la sociedad.

Me siento muy afortunado en haber colaborado para más de 200 empresas familiares en distintas ciudades de Latinoamérica. En todas ellas, el objetivo fue,

PRÓLOGO

lo que en Invivus llamamos "ordenar la casa", esto es, por un lado, realizar proyectos para clarificar el rumbo estratégico, definir los procesos clave del modelo de negocio y alinear la arquitectura organizacional; y por otro, llevar a cabo intervenciones para diagnosticar y desarrollar habilidades de liderazgo en los integrantes del equipo ejecutivo de la compañía.

Estos procesos son muy bien conocidos por lograr unificar la visión de conjunto, aumentar la productividad, mejorar el nivel de rentabilidad, generar una cultura de identificación y compromiso, última etapa del camino para lograr el éxito empresarial de forma "automática".

Con frecuencia la mayor parte de los empresarios se toma muy en serio ordenar la empresa. Sin embargo, se ocupan menos de ordenar la familia empresaria. No sienten la misma urgencia en este tema; en otras palabras, consideran que es un asunto a abordar en un futuro, a veces lejano. Ellos suelen pensar que es suficiente con tener la empresa -la "casa"- ya amueblada y muy bien decorada y que esto generará, de manera automática, un ambiente de sana convivencia y claridad de roles en toda la familia empresaria. Nuestra experiencia es distinta: en realidad no siempre sucede así. Más bien, lo que ocurre es que el orden en la empresa no implica orden en la familia, y viceversa. Lo mismo que un desorden en la familia tiene consecuencias importantes en la empresa.

Al haberse "ordenado la casa", muchas veces gracias a un proceso riguroso de consultoría, todo es más sencillo: el equipo ejecutivo tiene claro lo que se espera de ellos, el impacto de sus acciones, los ajustes y compromisos necesarios para el éxito del negocio. Sin embargo, este orden empresarial no garantiza que más arriba, en el vértice de la organización, donde suelen estar los miembros de la familia, haya también la misma responsabilidad, disciplina, equilibrio y autoridad, ya que no solo el poder va con el cargo. Los roles y las responsabilidades de los cargos directivos, que ostentan miembros de la familia empresaria, no se clarifican de forma espontánea.

Éste es un reto muy importante para toda empresa familiar. Desafortunadamente, se realizan prácticas erróneas, tales como integrar miembros de la familia simplemente

PRÓLOGO

por el lazo sanguíneo, pero sin un perfil y funciones claras que cumplir. Así también, es muy común confundir los roles de familia, accionista y/o colaborador de la empresa y es, entonces, cuando se comienzan a mezclar no sólo emociones sino también criterios en la toma de decisiones. Por ende, surgen conflictos que se podrían haber evitado.

Para fortuna de muchas familias empresarias, el libro que el lector tiene ahora en sus manos proporciona una visión muy práctica y clara de los pasos a seguir en la profesionalización e institucionalización de la empresa familiar. Comparto totalmente el criterio de los autores, que, con razón, invitan a las empresas a "ordenar la casa" a través del diálogo, del consenso y del compromiso con "unas reglas de juego" que fortalezcan los objetivos tanto familiares como de negocio.

Uno de los grandes logros de este libro es el de intentar democratizar el mundo de los protocolos de familia, al intentar que toda empresa familiar pueda tener uno, aunque sea de manera incipiente. Este documento tiene una lectura amena y el lector se sentirá llevado de la mano a través de todo el proceso que conlleva el realizar un protocolo familiar.

De manera práctica y entendible se exponen conceptos y guías con un sustento académico sólido, que será de gran ayuda incluso para aquellos empresarios que deseen tercerizar en un experto consultor la elaboración y redacción de un Protocolo.

En resumen, si el lector tiene la inquietud de clarificar y fortalecer los roles de los miembros de la familia dentro de la empresa, y a su vez, salvaguardar las relaciones interpersonales en pro de una convivencia productiva que favorezca la permanencia de la empresa en el tiempo, estoy seguro de que disfrutará mucho leyendo estas páginas.

Felicito a los autores por este trabajo. Les agradezco su deseo de compartir su vasta experiencia en esta obra que será útil no sólo a los líderes de empresas familiares, sino también a consultores especializados y académicos del área.

MBA. Alfredo Meneses Cibrián
CEO & Funder
Invivus Consulting Latinoamérica

PRESENTACIÓN

¡Larga vida a la empresa familiar!

EL ORIGEN
DEL LIBRO

Como enseñó Zhuangzi, el buen orden resulta espontáneamente cuando se dejan las cosas a sí mismas, es decir, que sigan su curso natural para lleguen a ser lo que realmente están llamadas a ser. En el caso de una empresa familiar ordenada, el reto no es otro, por tanto, que ser empresa y ser familia y que ninguna de las dos entidades atente gravemente contra la finalidad de la otra.

Corría el año 2.010, cuando, a mediados del mes de agosto, me había citado en la Plaza del Pilar de Zaragoza, uno de los lugares más visitados de España, con un conocido empresario del sector vitivinícola del Somontano. Desafiando los riesgos de un calor casi infernal, típicos de esta época del año, emprendimos un largo viaje hacia La Mancha. Mi amigo Miguel Ángel quería conocer in situ, y con cierta tranquilidad, los viñedos del Centro-Este de la Provincia de Ciudad Real, precisamente en esta época del año, y me pidió que le acompañara. Yo, como manchego, conocía bien esta zona que parece un océano de vides. También estaba en condiciones de presentarle a alguna persona del sector. Según me explicó, en La Mancha la cosecha del año 2.009 había sido muy buena y todo indicaba que en 2.010 podría ser aún mejor en calidad.

Si a su facilidad de palabra unimos el poco tráfico que había a esas horas por la Autovía A-2, (Madrid–Andalucía) fácilmente se entenderá que el camino prometía una buena conversación. Nos

---

pusimos al día de nuestras vidas, en especial en lo referente a los movimientos familiares.

Sin apenas darnos cuenta, aparecieron los primeros carteles que anunciaban el desvío a Medinaceli y me hizo un comentario, como si no le diera importancia, pero que a mí me dejó muy pensativo. "Oye, Pepe, tú te dedicas a hacer protocolos para las empresas familiares y siempre he querido decirte algo: la verdad, soy muy escéptico de los Protocolos. Eso de contar las intimidades de la familia y de tu propia empresa a un extraño tiene, para mí, más inconvenientes que ventajas, y somos muchos los que pensamos así".

Por supuesto, que intenté exponerle mi modo de ver el asunto y desmontar su preocupación, pero sus palabras me hicieron comprender la razón por la que tantos fundadores y líderes de Pymes familiares manifestaban importantes resistencias a iniciar el proceso de un Protocolo Familiar, a pesar de que reconocen que pueden estar necesitándolo. Cuántas veces he escuchado esta respuesta, al preguntar a un empresario cómo le están yendo las cosas: "No va mal la cosa". Una expresión que tiene mucha enjundia, pues puede hacer referencia tanto a una situación positiva como negativa que, por motivos muy diferentes, no se quieren revelar.

De las resistencias que encontramos ante los Protocolos, el problema de mayor relieve no suele ser el económico, sino más bien sacar a la luz la intimidad de la familia empresaria. Ello explica también que una mayoría de los clientes sólo acuden al Asesor de Empresas Familiares cuando se sienten superados por los problemas.

Yo sabía que Miguel Ángel no había realizado el Protocolo Familiar en su empresa. Como le prefería como amigo más que como cliente, quité presión a la conversación y simplemente le comenté que siempre es bueno y beneficioso establecer unas reglas de juego entre la familia y la empresa y, una vez establecidas éstas, respetarlas.

En todo caso, las palabras de Miguel Ángel me recordaron una reunión que mantuve unos años antes con un grupo de seis empresarios en la Cámara de Comercio de una de las ciudades más importantes de España. Me pidieron que redactara un modelo de Protocolo Familiar, que sirviera de guía y modelo a las Pymes de esa región. Mi respuesta no fue muy ilusionante para ellos, pues estaba convencido entonces -y lo sigo estando ahora- de que cada empresa es irrepetible y también cada familia. Es decir, el Protocolo Familiar debe ser a la medida de la familia empresaria y de la empresa familiar. Cualquier otro camino puede hacer bien a algunos y daño a muchos.

Sin embargo, gracias a este viaje a La Mancha con Miguel Ángel, y al recuerdo de la citada reunión, empezó a nacer la idea de escribir algún día un libro sobre el Protocolo Familiar y las Reglas de Juego entre la Familia Empresaria y la Empresa Familiar. Iría dirigido a la infinidad de empresarios familiares, que por razones de costo o de mantener a buen recaudo la intimidad de sus familias y empresas, no se deciden a utilizar esta poderosa herramienta de gestión empresarial.

Por otra parte, teníamos claro que ampliar el horizonte de vida de una empresa por generaciones no es nada sencillo. Todo ese "capital humano, de relaciones y de valores y principios", que anidaban en el alma de los fundadores y que fueron la verdadera fuente de prosperidad empresarial y familiar, no suelen ser suficientemente valorados por las futuras generaciones. Lo mismo que el capital financiero es fácil de transmitir por herencia, basta mirar a nuestro

EL ORIGEN DEL LIBRO

---

alrededor para comprobar que los capitales intelectual, social y humano se transmiten sólo de modo parcial y con muchas dificultades.

Comenté estos pensamientos en el despacho y, finalmente, ha visto la luz el libro que hoy tienes en tus manos. Está basado en hechos reales, no identificables, y en las experiencias de Fede, personaje ficticio, creado por los autores, para dar voz en primera persona a vivencias directas con familias empresarias durante los años de experiencia profesional.

> *Recuerdo como si fuera ayer la llamada de la esposa de un empresario del sector textil con el que me unía cierta amistad. Éste había fallecido de manera inesperada tres meses antes. El motivo de la llamada era que sus hijos y ella reunirse conmigo. Según sus palabras habían heredado un verdadero lío. Mientras colgaba el teléfono, pensé que prever es barato y evita muchos problemas.*

INTRODUCCIÓN

EL NEGOCIO FAMILIAR NO ES UN JUEGO

...PERO NECESITA DE UNAS REGLAS DE JUEGO

La característica saliente que distingue a la mayoría de las empresas familiares es el clima singular que genera un "sentido de pertenencia" y un propósito común a toda la fuerza laboral. La empresa familiar posee unas cualidades concretas y positivas que proporcionan una importante ventaja competitiva.

(Peter Leach)

- ¡Buenos días, Fede!

Alguien me hablaba mientras introducía la cabeza en mi despacho por la puerta entreabierta. Corría el año 1.996. Yo era Director Regional de un Banco mediano y quien entraba era un buen cliente a quien no gustaban las formalidades. Le hice tomar asiento y le invité a tomar un café. Rara vez aceptaba algo, pues sus visitas solían ser muy breves. Prefería entrar rápidamente en materia. Esta vez aceptó el café.

-Ya sé que te vengo una vez más con el mismo rollo, arrancó. Mi hijo Daniel ha cumplido 32 años, me está pidiendo más responsabilidad en el negocio y sigo sin verlo claro. Estos chicos no acaban de convencerme. Los estudios no bastan, Fede. A veces pienso que su prisa proviene de que su mujer le calienta los "cascos", como consecuencia de comparar su nivel de ingresos con el de otros amigos.

Hacía tiempo que mi cliente atisbaba un problema de sucesión y no se animaba a afrontarlo. ¡Quedaba tanto tiempo!, pensaba.

- Mira Paco, le dije, hace tres años que te vengo dando el mismo consejo. Pide ayuda a un profesional especializado en pymes familiares. Tu negocio va muy bien, estás en plena forma con tus 66 años y tu hijo tiene edad y preparación como para que el cuerpo le pida asumir cada vez mayores responsabilidades.

Mi cliente respondió:

- Fede, tengo serias dudas de que sea cierto lo que dices y me asusta correr este riesgo. Además, se parece mucho a mí y estoy seguro de que vamos a chocar mucho en la gestión de la empresa.

Empecé a sonreír y, más o menos, recuerdo que le dije lo siguiente:

- La tensión ya la tienes y es importante abordarla ahora. No corras el riesgo de llegar tarde. Además, es mucho más razonable que tu hijo crezca profesionalmente, cuando tú aún puedes ayudarle. Hacerte el sordo, normalmente, deteriorará vuestras relaciones familiares y, lo que es más grave, si a ti te pasa algo, tu hijo heredará un problema y no un negocio interesante.

A las pocas semanas Paco llamó por teléfono a Fede para comunicarle que había visitado a un profesional de pymes familiares y éste le había aconsejado dos cosas:

Realizar un test sobre la situación de las tres áreas del Grupo Familiar: Familia, Empresa y Propiedad.

INTRODUCCIÓN

Establecer las reglas de juego por las que deberían regirse las relaciones entre Familia, Empresa y Propiedad. En otras palabras, hacer el Protocolo Familiar.

Entre risas, Paco dijo a Fede:

-Parece que os habéis puesto de acuerdo, pues me ha dicho las mismas cosas que tú y casi con las mismas palabras.

Recuerdo otro episodio ilustrativo. En la entidad financiera donde yo trabajaba, cuando nos reuníamos en Comité de Créditos, solía preguntar a mis colaboradores cómo veían la sucesión en las empresas que estaban solicitando cualquier operación de riesgo. Ellos evadían mi pregunta y me respondían refiriéndose a la liquidez, a las garantías y a los beneficios de dichas empresas. Me costó trabajo hacerles comprender que un factor de riesgo a tener en cuenta era saber si la empresa tenía a medio plazo una adecuada sucesión.

Aunque el relevo generacional no aparezca en las cuentas del balance, sin embargo, es de gran relevancia a la hora de medir la recuperabilidad sin problemas de los riesgos que asumíamos.

Casi quince años después, yo ejercía como Coach Asesor de Empresas Familiares, cuando me llama un empresario a quien sólo conocía de referencias. Había leído un artículo mío y quería hablar sobre la posibilidad de realizar el Protocolo Familiar. Concretamos una primera reunión y le manifesté que, a ser posible, estuvieran presentes en la misma todos los familiares implicados en la gestión y en la propiedad de la empresa.

Eran cuatro hermanos, tres chicas y un varón entre los 35 y los 55 años. Después de haberles escuchado atentamente lo que pensaban sobre la problemática específica que tenían y contrastado su interés por mejorar, les expuse con cierto detalle en qué consistía dicho protocolo y los beneficios que podrían obtener del mismo.

Asimismo, hice hincapié en lo relevante que era la implicación de todos en el proceso de elaboración y, desde luego, en el cumplimiento de lo acordado, pues sin estas dos condiciones no merecía la pena realizar Protocolo Familiar alguno.

Quince días después, me volvió a llamar agradeciéndome la reunión. Al parecer, veían la conveniencia de hacer el Protocolo Familiar. Lo consideraban importante, pero, como estaban en la actualidad sumamente ocupados con unas operaciones de exportación, decidieron ponerse en contacto con el despacho tan pronto estuvieran un poco más tranquilos.

Como el tiempo pasaba y no se producían noticias, tuve una conversación telefónica con el que ejercía el liderazgo y la conclusión que saqué al colgar fue la siguiente: la urgencia está teniendo prioridad sobre la importancia. Sin duda, nos ha pasado a todos alguna vez, que no logramos que lo más importante sea realmente lo más importante. Recordé aquella frase de Albert Einstein: "Nunca pienso en el futuro. Llega enseguida".

Un empresario que quiera que su negocio sea sostenible no puede permitirse el lujo de no pensar en el futuro, por muy doloroso que pueda llegar a ser el plan de acción que se requiera implementar. Hay temas estratégicos en una empresa que no pueden estar a merced de lo táctico, de lo inmediato, del corto plazo. Pocas cosas hay más estratégicas, en una empresa familiar, que la sucesión, que la unidad familiar, para las cuales contar con unas reglas claras es fundamental.

Las reglas son un medio, nunca un fin

Después de algunos años, un amigo común me comentó que la familia empresaria mencionada anteriormente funcionaba relativamente bien desde el punto de vista económico, aunque se habían agravado los problemas entre familiares y resultaba muy difícil abordar acuerdos consensuados.

Lo anterior es bastante frecuente. Suele pensarse que los problemas de relación entre la familia y la empresa pueden esperar o que con el tiempo se pueden arreglar. Pocas veces sucede así. Por lo general, si se deja pasar el tiempo, cuando quieren reaccionar, la situación se ha deteriorado gravemente: la "herida" se ha infectado y requiere medidas dolorosas, incluso quirúrgicas, si ha hecho su aparición la gangrena.

Esto explica, en gran parte, la cantidad ingente de empresas familiares que apenas llegan a la segunda generación, las muchas que se quedan en el camino hacia la tercera generación y las pocas que superan esta etapa. Los enormes costos financieros para la empresa y la sociedad, y la gran incidencia que las empresas familiares tienen sobre el empleo, han sido un incentivo más para escribir este libro, con la esperanza de ser una ayuda a estas familias empresarias, y a la sociedad en general, para que puedan alcanzar los fines que le son propios.

En el caso de una empresa familiar, sus fines están relacionados con las expectativas empresariales y familiares: la sostenibilidad del negocio y del patrimonio familiar, por un lado, y, por otro, la unidad y sana relación (armonía) entre los miembros de la familia empresaria. El Protocolo debe ser un medio para lograr los fines y los bienes propios de la empresa y de la familia. Todos nuestros actos, dejó demostrado Aristóteles, tienen que tener un fin último o dirigirse a un bien supremo, de tal manera que dé sentido a todos los demás fines y medios que puedan estar en juego. Consideramos que cada familia empresaria tiene que decidir cuál es este bien superior, en base a sus visión, misión, principios y valores que forman parte de su identidad, que iluminará la toma de decisiones en caso de conflicto de bienes o intereses empresariales y familiares.

Las raíces de un
Protocolo exitoso

A veces se confunde un Protocolo Familiar con un documento escrito, que con frecuencia termina en un cajón o en una estantería cuando no en una caja fuerte.

Para que un Protocolo sea realmente exitoso -y, por lo tanto, sea una verdadera ayuda para la continuidad del negocio y la armonía familiar- tiene que contar con sólidas raíces, la más importante de todas es la voluntad de hacerlo. No basta la conciencia de la necesidad, sino que es esencial la firme determinación de querer tener uno para regular el juego.

Por experiencia podemos afirmar que, si no existe esa voluntad, y la mencionada determinación, no será posible superar los problemas y tensiones que suelen surgir o potencializarse durante la elaboración de un Protocolo. Familia y empresa son dos instituciones con objetivos

INTRODUCCIÓN

distintos que, debido a los cambios de valores profundos que vemos en la sociedad actual, hacen inevitable el surgimiento de diferencias, disputas, enfrentamientos, angustias e incertidumbres.

Además de la firme voluntad de los líderes empresariales, los Protocolos exitosos cuentan con un diagnóstico familiar y empresarial adecuado, con un modelo de empresa familiar compartido por los líderes de la familia empresaria, así como también con una definición clara de criterios que guían la toma de decisiones. En definitiva, el Protocolo, como acertadamente señala el maestro Josep Tápies, no es un documento de adhesión sino un acuerdo de voluntades.

Cuadro 1. *Los 10 motivos por los que fracasa un protocolo.*

LOS 10 MOTIVOS POR LOS QUE FRACASA UN PROTOCOLO
1. **Confundir el instrumento con el fin.**
2. **No realizar un diagnóstico personal y familiar adecuado.**
3. Enfocar el protocolo en las siguientes generaciones pasando por alto las actuales.
4. No lograr un inventario claro de riesgos y disfunciones.
5. Contemplar sólo aspectos patrimoniales y no de personas.
6. No identificar qué modelo de empresa familiar se tiene y cuál se quiere.
7. **Empezar el proceso con un grado de compromiso con la empresa familiar y de cohesión familiar insuficientes.**
8. **Tratar el protocolo como documento de adhesión en vez de como un acuerdo de voluntades.**
9. **Centrarse en los detalles en lugar de definir criterios.**
10. Pecar de un exceso de confianza: pensar que en la familia no hay ni habrá problemas, sentirse inmune.

Fuente: Tápies: https://blog.iese.edu/in-family-business/10-errores-protocolo/.

Habríamos logrado nuestro propósito con este libro, si el enorme colectivo de pymes y negocios familiares que no se deciden a acudir a un profesional externo especializado, puedan, al menos, dar pasos en la buena dirección de establecer unas reglas de juego por las que se rijan las relaciones entre familia y empresa, pues, repetimos, el negocio familiar no es un juego, pero necesita unas reglas de juego.

En línea con lo anterior, los autores queremos dejar constancia del respeto y admiración por todos los buenos profesionales que se dedican al asesoramiento de Empresas Familiares. La ayuda que prestan es de valor incalculable y está fuera de toda discusión, siendo su trabajo en muchas ocasiones insustituible.

Parafraseando la máxima de Cervantes, "más vale una palabra a tiempo que cien a destiempo".

> Cuando las urgencias marcan nuestra agenda, lo importante y lo no importante se convierten en urgentes, y nos empujarán hacia donde no queremos ir. La calidad de un empresario brilla por su determinada dedicación a los temas importantes, no urgentes.

> *Las empresas familiares son la base del tejido productivo de un país y modelo de la mayoría de los negocios. Está claro que son fundamentales para la economía de cualquier país. Sin embargo, el futuro plantea muchos retos para su supervivencia.*
>
> (Miguel Ángel Gallo)

CAPÍTULO 1
LO QUE ES NECESARIO SABER PARA REALIZAR UN BUEN PROTOCOLO FAMILAR

1.1.
Para realizar un buen Protocolo

¿Qué condiciones deben darse para la realización de un buen Protocolo? Es una pregunta legítima, que es bueno que se hagan las empresas familiares antes de empezar un proceso que tiene su enjundia. No se trata de apuntarse sin más a la "moda" o a la "oportunidad", quizá urgente, de poner orden a la "casa". Por el contrario, en el corazón del objetivo de todo Protocolo está la absoluta determinación de ser una herramienta poderosa al servicio de la estrategia.

En consecuencia, vemos conveniente compartir aquí algunas condiciones que consideramos necesarias para la realización de un buen protocolo familiar. Aunque cada empresa familiar es un mundo aparte, entendemos que los requisitos principales son, los siguientes:

a) Que todos los miembros de la familia empresaria conozcan con cierta profundidad cuáles son el contenido, la forma y la finalidad de un protocolo familiar;

b) Que los líderes naturales de la familia empresaria, independientemente de la edad, cargo y posición que ocupen, estén convencidos de la necesidad de este instrumento de orden y gestión, esto es, de la utilidad del Protocolo para la empresa y para la familia;

c) Empeñarse en llevarlo a cabo con o sin la ayuda externa de un profesional de confianza porque el Protocolo es, antes que otra cosa, una tarea y un compromiso de la familia empresaria. Esta actitud se debe ver reflejada en el cuidado de algunos detalles, como, por ejemplo, el

---

respeto de las acciones y los tiempos del proceso, sin tolerar excusas que hagan demorar los trabajos que hay detrás de un Protocolo;

d) Que los líderes naturales de la familia empresaria comprendan que el Protocolo no es una herramienta para apagar "incendios" sino para prevenirlos. Se trata de realizar un trabajo que ayude a anticipar -y gestionar mejor, si llegan- los conflictos típicos que surgen en toda empresa y en toda familia, con mayor motivo si ha crecido y es numerosa;

e) Que todos los miembros de la familia empresaria hayan sido preparados también desde el punto de vista emocional. En efecto, durante el proceso, es fundamental que nadie tenga emociones negativas que inspiren motivaciones y acuerdos con la intención de imponer un propio interés o venganza por encima del bien común o global.

Cuadro 2: *Principales emociones que hay que evitar durante la elaboración de un protocolo familiar.*

EMOCIONES NEGATIVAS	MANIFESTACIÓN
Ira	Es una emoción muy tóxica y violenta, que genera sentimientos destructivos. Sin duda es una de las más peligrosas porque por lo general origina una reacción que acentúa el conflicto. Es fundamental crear espacios donde las personas que puedan sentir ira, la puedan manifestar de manera asertiva, ya que la ira reprimida suele explotar con mayor violencia.
Miedo	Aunque a veces el miedo puede ser positivo, en realidad tiene un efecto perverso: evita que hagamos cosas que forman parte de nuestra visión, misión y valores. El miedo nos lleva a ser cobardes y vivir plenamente con responsabilidad.
Envidia	Hace mucho daño en las empresas y en las familias la actitud de no tolerar que otros puedan ser más felices y exitosos. No es raro que se dé la envidia en las personas con miedo, ya que ellas, al verse en un espejo y compararse con otras personas, no aceptan el resultado. Hay que estar especialmente atentos a los líderes que tengan esta actitud porque el perjuicio que puede realizar es tremendo. encontrar el camino hacia el éxito.

Ansiedad	Es una emoción que habitualmente genera mucho sufrimiento y lleva a decisiones erróneas. El estrés no es buen compañero para la realización de un Protocolo, ya que éste requiere de un proceso, a veces no todo lo rápido que desearíamos, donde la paciencia y la tolerancia son esenciales. Es fundamental cuidar que esta emoción no se imponga y para ello hay que garantizar que los líderes lleven una vida saludable donde la alimentación y la respiración juegan un rol clave.
Celos	Es una de las emociones más frecuentes o que se hacen más evidentes durante la elaboración de un Protocolo. Es típico que haya familiares que tengan miedo a perder algo que antes dominaban o les pertenecía. Esta emoción suele darse sobre todo en personas inseguras y, en consecuencia, hay que ser muy serios en el proceso y trabajar mucho la confianza.
Apego	Es una emoción natural pero muy dañina en las familias empresarias ya que suele bloquear procesos de cambio necesarios. Es casi imposible hacer funcionar bien y de manera armónica el sistema empresarial y el sistema familiar con líderes que se dejan dominar por el apego a una persona, a un familiar, a un proveedor, a un cliente, etc. Por encima de cualquier apego comprensible, debe prevalecer el criterio y la voluntad de tener la "casa" ordenada. El apego, por definición, es una emoción que genera comportamientos desordenados, chantajes y culpas que no ayudan a la salud de la familia empresaria.
Soberbia	Suele darse en personas inseguras y que por ello desean controlar a los demás e imponer a ellos su criterio sin escuchar o sin probar otras alternativas. Como es lógico, para el éxito de un Protocolo, que requiere consensos e integrar diferentes visiones y expectativas, la soberbia es letal. No pocos Protocolos han fracasado por este motivo ya que al ego solo le gusta un protocolo: el suyo.
Pereza	Como puede deducir el lector, la pereza, al ser una emoción que nos lleva a aplazar lo que debemos hacer, no es el mejor aliado de un protocolo familiar. Es una emoción peligrosa porque tiene un mecanismo perverso difícil de combatir ya que, inteligentemente, se alía con la motivación (baja) para diluir la concentración en el deber para dirigir a continuación las capacidades en cualquier otra actividad, por muy inútil o improductiva que sea. La pereza, en definitiva, nos aleja de nuestros objetivos y hace improductiva hasta la mejor estrategia.

Fuente. Elaboración propia.

Hay otras emociones negativas y tóxicas, como la culpa y la baja autoestima, pero sin tanta incidencia o presencia en la elaboración de un protocolo familiar.

Una de las adicciones más ignoradas, a veces incluso disimuladas o encubiertas en las empresas familiares, es la adicción al trabajo, sobre todo en los líderes de la primera generación. Toda adicción es dañina y potencialmente destructiva, no sólo de la salud sino también de las relaciones interpersonales afectando gravemente, con el tiempo, a la calidad de vida.

En este tema tan importante, el papel de la mujer en la empresa familiar es capital e insustituible. Como señala Lucía Ceja, de la Cátedra de Empresa Familiar de la escuela de negocios IESE, "las mujeres fomentan la unión, la armonía y el equilibrio emocional de la familia". Aunque en nuestra experiencia hemos sido testigo de todo tipo de casos, a veces sorprendentes, asombrosos e increíbles, sí reconocemos que, en circunstancias normales, la mujer es "un gigante invisible", en palabras de Christine Blondel, el mejor guardián de las emociones, de la armonía y cooperación familiar.

1.2.
Para garantizar que el Protocolo funcione

Un protocolo familiar debe verse reflejado en la vida y en los resultados, entre otros, una mejor organización y comunicación dentro de la empresa familiar y de la familia empresaria. Uno de los efectos más importantes de este trabajo es la mejora en la toma de decisiones, contribuyendo, en consecuencia, a dos cosas vitales y trascendentales: la sostenibilidad del negocio y la reputación de la familia empresaria. Cuando se hacen las cosas bien, con criterio y coherencia, se suele lograr lo que mencionamos.

Para garantizar que sea realmente efectivo, el protocolo familiar ha de ser consensuado y firmado por todas las personas que han de cumplir lo establecido en el mismo. Es decir, el documento resultante tiene que ser una obra de trabajo colectiva que, aunque será liderada principalmente por una persona, debe contar con el beneplácito, la conformidad y el consentimiento de todos los miembros de la familia empresaria. En otras palabras, se trata de un pacto real que obliga a las partes a cumplir una serie de cosas y sus condiciones. Según la complejidad de la empresa familiar, contiene cláusulas de protección del acuerdo, regulación de permanencia y compromisos de actuación relacionados en virtud del acuerdo.

Además, a las empresas familiares, que quieran ellas mismas vivir y realizar el proceso de un protocolo familiar, nos permitimos hacer las siguientes recomendaciones:

a) Elegir a un responsable de vigilar su cumplimiento entre las personas relevantes -y con más autoridad- de la familia;

b) Que el responsable elegido reporte directamente al Consejo de Familia, si la empresa familiar cuenta con uno, o, en su defecto, al Consejo de Administración;

c) Incluir el protocolo familiar en los Estatutos Sociales de la Empresa, para que el acuerdo no acabe siendo una mera declaración de intenciones, o una manifestación escrita de voluntades con fuerza moral, pero sin exigencia jurídica. En efecto, es conveniente incluir en los Estatutos Sociales de la Empresa aquellas cláusulas que el Consejo de Familia o de Administración estimen convenientes. Esta recomendación debe tenerse en cuenta adecuándola a la legislación de cada lugar. En todo caso, el espíritu de nuestro consejo es lograr que las cláusulas claves del protocolo tengan un valor jurídico acorde a la relevancia del pacto.

1.3.
Para saber si el
Protocolo está sirviendo

Antes que nada, queremos insistir en que los protocolos familiares deben servir para algo. De verdad. Si no, significaría una notable pérdida de tiempo, de recursos, de energías.

Lo primero que habría que medir de un protocolo familiar es si está vivo, si realmente refleja la realidad y el dinamismo propios de la empresa y de la familia.

Un segundo aspecto que nos gusta medir es el número de actualizaciones que ha tenido el protocolo familiar a la largo de la historia, que aconsejamos cada dos años. A nuestro entender, algo que es real, está vivo y es dinámico necesita, por esencia, actualizarse, siempre en congruencia con la estrategia, a unos objetivos bien definidos y a un plan consistente con los valores. Aconsejamos establecer unos indicadores de gestión para el seguimiento de la firma del protocolo y, entre ellos, uno que mida el número de actualizaciones del protocolo familiar a partir de cambios relevantes ya sea en la empresa o en la familia.

Por último, para saber si el protocolo familiar está sirviendo, es recomendable hacer unas encuestas de satisfacción o similar con el fin de escuchar a los protagonistas. Los resultados de este trabajo, en ocasiones, son de enorme utilidad a la hora de realizar la actualización del protocolo.

Un asunto importante a tener en cuenta es la elección de la persona, como líder para el seguimiento e implementación del protocolo familiar. Según la complejidad de la empresa familiar, este trabajo puede ser tercerizado en un miembro no familiar, con excelentes capacidades empáticas y de rigurosidad, ya que su rol se parece al de un auditor que tiene, con meticulosidad, velar por el cumplimiento de lo acordado.

Cuadro 3. *Temas a medir para evaluar la utilidad de un protocolo familiar*

UTILIDAD DEL PROTOCOLO FAMILIAR
• La empresa familiar, ¿cuenta con un responsable del seguimiento y cumplimiento del protocolo?
• La empresa familiar, ¿cuenta con un canal de comunicación para que todos puedan informar de los incumplimientos del Protocolo?
• ¿Cuál es el nivel de poder en la empresa y autoridad en la familia del líder responsable del seguimiento y cumplimiento?
• El líder responsable del seguimiento, ¿es miembro, al menos con voz, del Consejo de Familia y/o Consejo de Administración y/o Comité de Dirección?
• El Consejo de Familia y/o Consejo de Administración, ¿se reúnen de manera periódica, según lo acordado, y tratan de manera ordenada los temas estratégicos?
• El Consejo de Familia y/o Consejo de Administración, ¿se reúnen de manera periódica, según lo acordado, y tratan de manera ordenada los temas acordados en el Protocolo?
• El líder responsable del seguimiento y cumplimiento, ¿informa periódicamente de los incumplimientos detectados?
• El líder responsable del seguimiento y cumplimiento, ¿paraliza la toma de decisiones contrarias al Protocolo

Fuente. *Elaboración propia.*

Idea 1:
¿Qué entendemos por empresa
y por empresa familiar?

Antes de definir lo que es una empresa familiar, merece la pena aclarar lo que entendemos por empresa. Para no extendernos innecesariamente, vamos a seguir el pensamiento del Profesor Juan Antonio Pérez López por razones de claridad y utilidad: "La empresa es una organización de personas, que trabajan coordinadas y de modo estable para lograr ciertas metas".

Toda empresa es, antes que nada, una organización de personas. Se trata de una realidad humana con todas las implicaciones que esto conlleva, pues las personas tienen necesidades de diversos tipos, que han de satisfacer y, como fruto de la posibilidad de satisfacer estas necesidades, se sienten motivadas a actuar de un modo u otro. De ahí que la relación, entre estos dos conceptos, motivación y necesidades, sea muy estrecha.

Para que una organización de personas sea empresa, no basta un conjunto de personas, ni siquiera un propósito común. Según Pérez López, lo verdaderamente decisivo es que esas personas coordinen su actividad, ordenando la acción conjunta, de modo estable y duradero, hacia el logro de unos resultados que a todos les interesa alcanzar.

Estas necesidades, que están presentes en el ser humano, pueden ser presentes y futuras, tanto materiales, de crecimiento y afectivas.

Gráfico 1. Las fortalezas de la empresa familiar.

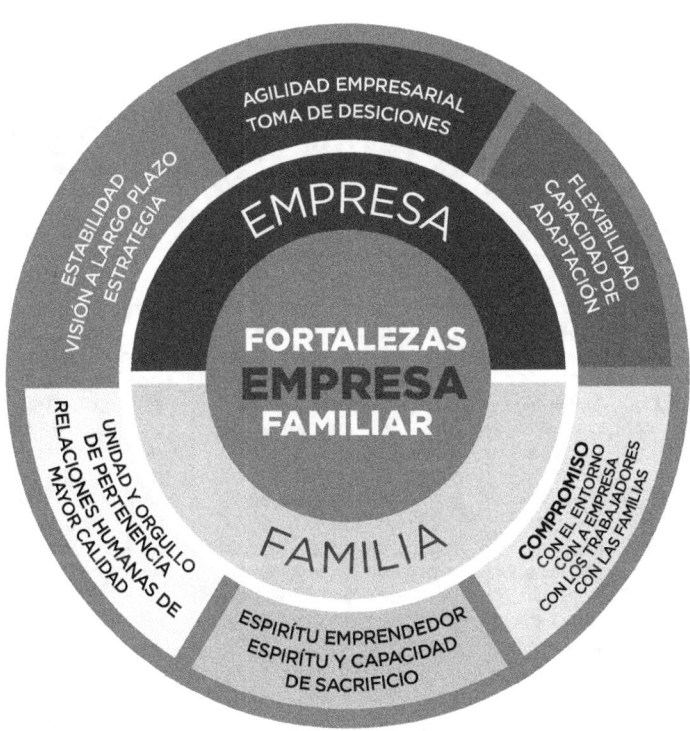

Fuente: *Elaboración propia.*

Hay personas que no están dispuestas a sacrificar la satisfacción de una necesidad actual, aunque sea insignificante, en aras de poder satisfacer una necesidad futura de mayor peso e importancia. Sin embargo, otras prefieren sacrificarse hoy para conseguir mañana algo mucho mejor. Evidentemente este segundo tipo de personas abundan más entre los empresarios, que saben mucho de sacrificio y de futuro y menos de pasar bien el momento presente.

CAPÍTULO 1

Pérez López clasifica las necesidades humanas en tres categorías: materiales, de crecimiento y afectivas.

Cuadro 4: Clasificación de las necesidades humanas.

MATERIALES	DE CRECIMIENTO	AFECTIVAS
Nos referimos a aquellas necesidades que se satisfacen con algo material, como la comida, la bebida, el dinero, etc... Es decir, los incentivos son de tipo material. Cuando estamos ante un incentivo de esta clase nos sentimos motivados y atraídos y este tipo de motivación suele llamarse motivación extrínseca, ya que nos viene de fuera y el incentivo es externo a nosotros.	Todos llevamos inscrito en nuestra naturaleza lo que el Profesor López Ibor llamaba instinto de perfección o de mejora. Al ser humano nos atrae mejorar, crecer, desarrollarse. Cuando se nos presenta la posibilidad de mejorar y de crecer, también nos sentimos motivados y atraídos. Este tipo de motivación se llama motivación intrínseca, ya que proviene de nuestro interior y el incentivo está dentro de nosotros.	También existe en nosotros un deseo de amar y ser amado, de sentirnos alguien y de que se nos valore como alguien, es decir, por lo que somos y no por lo que tenemos. La motivación que nace de satisfacer estas necesidades suele llamarse motivación trascendente, ya que nace dentro de nosotros, pero nos trasciende, esto es, sus efectos se proyectan sobre otras personas, aunque por razones de reciprocidad de algún modo retorne a nosotros.

Fuente: *Elaboración propia basado en Pérez-López (1999).*

Las necesidades humanas tienen importantes consecuencias en una empresa:

- Si un empleado está teniendo necesidades materiales graves en el mantenimiento de su familia, le sirve de muy poco y le motivará poco o nada el que le alabemos, le demos palmadas en la espalda o mejoremos la temperatura en su lugar de trabajo.

- Si un empleado tiene muchos talentos y quiere desarrollarlos, apenas se sentirá motivado, si le subimos el sueldo y no le ayudamos a crecer como profesional y como persona.

- Si un empleado se siente preocupado por los demás y le importa mucho cuanto les pasa a quienes están a su alrededor, y en su empresa se cometen injusticias, será contraproducente darle dinero u honores para comprar su silencio.

- Si queremos motivar a alguien, cada tipo de necesidad ha de ser satisfecha con el incentivo adecuado.

Idea 2:
¿Qué entendemos por empresa familiar?

La Empresa Familiar es la figura empresarial dominante en la estructura económica de la mayoría de los países occidentales, así como la principal generadora de empleo en el mundo. Además, se dan en ella de un modo natural grandes valores, como el compromiso, la laboriosidad y la unidad.

Allá donde están tus más grandes fortalezas suelen estar tus mayores riesgos. Por eso, los grandes valores familiares, el familiness, pueden acabar siendo causa de problemas si no se tienen en cuenta las peculiaridades de la empresa familiar.

Los creadores o continuadores de empresas familiares con frecuencia tienen que enfrentar o sortear una serie de trampas, que analizaremos más adelante en este libro. Aquí, por el momento, declaramos que no pocas veces vemos que suele confundirse a

CAPÍTULO 1

una empresa familiar con una organización que tiene las siguientes características:

- Empresa pequeña

- Negocio individual o artesanal

- Sin posibilidad de desarrollo ni de asumir riesgos

En efecto, muchas empresas familiares suelen ser empresas pequeñas, artesanales, individuales y también, a veces, suelen tener pocas posibilidades de desarrollo, pero también existen otras muchas de gran tamaño e incluso multinacionales. El tamaño puede ser relevante para ciertas empresas, pero no es lo decisivo en la mayoría de los casos.

Es mucho más importante saber qué es lo que quiere hacer una familia con su empresa y qué nicho del mercado le resulta interesante en los próximos años, para prestar un servicio importante a la sociedad, mediante la venta de servicios, o en todo caso satisfaciendo una necesidad, de tal manera que se pueda generar toda la riqueza posible de manera sostenible y socialmente responsable.

Actuar así es ser responsable socialmente, pues para un empresario su primera responsabilidad es tener una empresa sana, con beneficios, ya que el lucro y los dividendos de hoy permiten hacer inversiones mañana y generar empleo pasado mañana.

En nuestra opinión, generar empleo es la mayor función social de una empresa, al ser cada puesto de trabajo, además de fuente de dignidad, una de las formas de propiedad que mayor estabilidad y posibilidades de desarrollo personal y familiar aportan al ser humano.

Nos aproximamos más a lo que es una empresa familiar, si valoramos en ella otros conceptos, como:

- *Distribución de la propiedad:* En la empresa familiar la propiedad suele estar concentrada en el Fundador o en una rama familiar dominante.

- *Control:* Asimismo, el control permanece dentro de la Familia, normalmente como una política familiar.

- *Continuidad de la propiedad en miembros de la Familia.* En casi todas las empresas familiares existe la política de que la propiedad o, al menos, su mayoría, no salga del ámbito familiar.

- *Forma de gobierno:* Suele ser más personalista e intrafamiliar en la empresa familiar que en las empresas no familiares.

En la empresa familiar se da una *conexión muy especial entre la empresa y la familia:* cultura, creencias y valores, permanente y voluntariamente compartidos.

Esto nos exige identificar cómo es la cultura de la empresa y de la familia relacionada con aquélla. Las características, por tanto, que más definen a la empresa familiar son las siguientes:

a. Propiedad: Una Familia posee una participación importante que le permite el control de la actividad empresarial.

b. Poder: Alguno o varios dedican tiempo exclusivo o importante en funciones de alta dirección.

c. Continuidad: Incorporación de al menos la segunda generación, como manifestación práctica de la intencionalidad de transmitir la empresa y los valores que ésta representa a futuras generaciones.

Puede ser de utilidad exponer aquí la tipología de empresas familiares del profesor Gallo que recoge Vallejo (2005):

Cuadro 5: *Tipología de las empresas familiares.*

EMPRESA DE TRABAJO FAMILIAR	Los propietarios tienen voluntad de continuar unidos en la propiedad y en la que se promueve que muchos de los miembros de la familia trabajen en ella. Esta intención no significa querer coartar la libertad de las personas en la elección de su futuro profesional, ni tampoco caer en el error de asignar responsabilidades de trabajo sin basarse en las capacidades para desempeñarlas; pero que sí pretende animar a los miembros de la familia a que se preparen para trabajar en la empresa familiar, y a abrir caminos en la misma para que puedan hacerlo todos los que lo deseen.
EMPRESA DE DIRECCIÓN FAMILIAR	Los propietarios tienen voluntad de continuar unidos en la propiedad, pero que se distingue de la anterior porque se busca que sólo algunos miembros de la familia, los más capacitados para la actividad empresarial, trabajen en la empresa familiar ocupando pronto cargos de responsabilidad, como miembros del consejo de administración de la compañía o del equipo de alta dirección.
EMPRESA FAMILIAR DE INVERSIÓN	Los miembros de la familia están unidos para hacer inversiones en actividades de negocio, consistiendo su trabajo en la empresa familiar, principalmente, en la adopción de estas decisiones de inversión y en el control de las inversiones realizadas, y no tanto en la dirección de las empresas en las que se ha invertido, precisamente para tener una mayor libertad en la formulación e implantación de la estrategia.
EMPRESA FAMILIAR COYUNTURAL	Los miembros de la familia están unidos como propietarios, más por circunstancias históricas de herencia que por una manifestación positiva de su voluntad de estar unidos, de manera que si por un cambio de coyuntura tuvieran la oportunidad de vender sus acciones o participaciones, asociarse con terceros, etc., en condiciones económicas adecuadas, lo harían sin preocuparse por la falta de continuidad del nexo que unió su empresa y su familia.

Fuente: Pablo Álamo (2017) basado en Vallejo (2005).

Idea 3:
¿Qué entendemos
por empresa familiar?

Nos parece interesante seguir el Modelo de los tres Círculos de John Davis y Renato Tagiuri para representar a la empresa familiar.

Según estos autores, lo que diferencia a la empresa familiar de las demás empresas es la coincidencia de tres roles simultáneos, que se corresponden con las tres dimensiones que se dan en toda Empresa Familiar: la Familia, la Empresa y la Propiedad, pudiendo haber entre ellas una elevada probabilidad de superposición de roles.

El siguiente gráfico permite clarificar uno de los puntos centrales de la comprensión de la problemática de la empresa familiar: la existencia de diferentes grupos de interés. Como suele ser normal, y bien expresa nuestro refranero, cada grupo intenta arrimar el ascua a su sardina o llevar el agua a su molino.

Cuando esto ocurre, y suele ser casi siempre, la consecuencia normal son los conflictos. De ahí que no sea tiempo perdido dedicar un espacio de calidad a comprender en qué campo de intereses se mueve cada uno de los grupos intervinientes en una empresa familiar. Es importante analizar cada caso de manera concreta, sin caer en prejuicios ni generalidades. Por eso, decíamos al principio que cada Protocolo es diferente.

Cada grupo tiene su propia perspectiva y para ello puede ser muy interesante que la empresa y/o la familia organice alguna sesión más o menos formal con personas de cada uno de los diferentes ámbitos para que se perciban las diferencias que existen entre ellos.

CAPÍTULO 1

La armonía familiar y la prevención de tensiones y crisis están muy relacionadas tanto con conocer los intereses de los diferentes grupos y su inclusión en el Protocolo Familiar, como su comprensión en las interacciones familiares. Veamos los grupos más típicos:

Gráfico 2: *Modelo de los tres círculos (Davis y Tagiuri).*

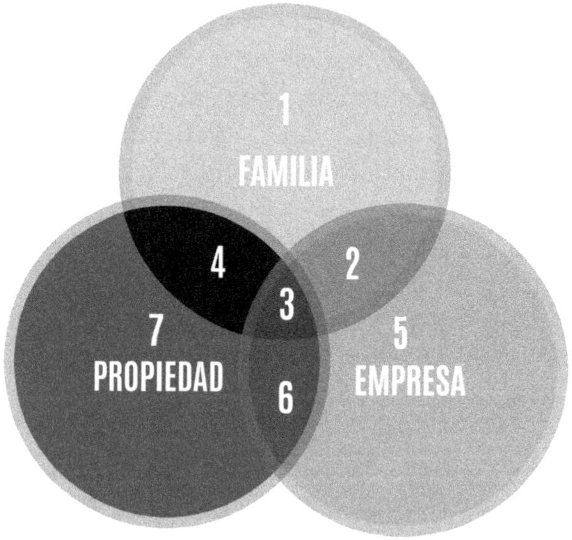

Fuente: *Elaboración propia.*

Grupo uno: Lo componen aquellos miembros de la familia que no trabajan en la empresa, ni participan de la propiedad:

- Personas que han trabajado antes, pero no ahora

- Personas que han sido propietarios y han transferido su participación a sus hijos o familiares

- Cónyuges de propietarios o de gestores

- Familiares estudiantes y futuros gestores

- Familiares directos sin acciones ni gestión

Grupo dos: Lo componen aquellas personas que son miembros de la familia y que trabajan en la empresa, pero no tienen participación en el capital social. Cada uno de los subgrupos tiene intereses, expectativas y comportamientos diferentes:

- Los que ocupan cargos directivos

- Los que no ocupan cargos directivos

- Los que pueden ser propietarios en el futuro

- Los que normalmente nunca serán propietarios

- Evidentemente este grupo preferirá sueldos altos y dividendos bajos.

Grupo tres: Se refiere a los miembros de la familia que trabajan en la empresa y tienen participación en la propiedad:

- Los que tienen una participación relevante

- Los que tienen una participación no relevante

- Los que ejercen liderazgo

- Los que no ejercen liderazgo

Los componentes de este grupo, si cuentan con una participación relevante en la propiedad y poco peso en la gestión, preferirán los dividendos a los sueldos; pero si participan mucho en la gestión y poco en la propiedad, preferirán los sueldos a los dividendos.

Grupo cuatro: Se refiere a los miembros de la familia, que no trabajan en la empresa, pero participan en la propiedad.

Este es un grupo especialmente susceptible de entrar en conflicto con el grupo tres ante decisiones como:

- Ampliaciones de capital

- Reparto de dividendos

- Planes de expansión y asunción de riesgos

Normalmente, a este grupo le interesa que haya dividendos altos y que los sueldos sean bajos. La estructura del capital y la sensibilidad de cada grupo, respecto a los intereses y expectativas de los demás, y las relaciones entre los mismos, son factores clave para el funcionamiento del Consejo de Administración y de las Juntas de Accionistas.

Grupo cinco: Se refiere a quienes trabajan en la empresa, pero no tienen participación en la propiedad ni son miembros de la familia.

Aquí también hay que distinguir varios subgrupos, cada uno con sus intereses y expectativas y con sus actitudes en relación con la empresa. En circunstancias normales, estarán muy interesados en los sueldos y poco en los dividendos, salvo que cobren variables en función de los beneficios. El grupo de directivos más profesionalizados es el que normalmente planteará más interrogantes, basados en los agravios comparativos con otros grupos y en las reticencias culturales:

- Altos directivos

- Mandos intermedios

- Resto del personal

- Personas más profesionales o no tanto

Grupo seis: Incluye a aquellas personas que no son miembros de la familia, pero que trabajan en la empresa y participan en el capital.

Este Grupo suele estar formado por:

- Separados de familiares, que siguen trabajando

- Empleados a quienes se ha premiado su lealtad con acciones

Les interesarán más dividendos altos o sueldos altos en función de cuál sea su participación en la propiedad y el nivel económico en la gestión.

Grupo siete: Hace referencia a quienes no son miembros de la familia, ni trabajan en la empresa, pero participan en la propiedad.

Este grupo plantea y puede tener problemas similares a los del grupo cinco. La mayor expectativa externa de estos accionistas puede ayudar a reducir los riesgos de predominio de los criterios familiares sobre los profesionales, tan frecuentes en las Empresas Familiares.

Grupo ocho: Lo componen aquellas personas que no son miembros de la familia, ni trabajan en la empresa, ni participan en la propiedad, pero tienen capacidad para influir:

- Proveedores y clientes

- Comunidad social de la empresa

- Exfamiliares de los propietarios

- Jubilados y profesionales externos

Las diferencias en expectativas e intereses de estos ocho grupos son importantes y han de tenerse en cuenta a la hora de dirigir una empresa familiar, así como cuando se realiza el Protocolo Familiar. Recomendamos siempre la elaboración de un Mapa de la Familia Empresaria que clarifique los grupos existentes siguiendo la tipología que hemos expuesto o una similar que haga justicia a las diferencias existentes en la empresa y en la familia empresaria.

Idea 4:
¿Qué entendemos por familia?

La idea de familia que tengamos nos va a determinar, de modo significativo, nuestra manera de ver la empresa familiar. Aunque no es la única visión sobre el tema, normalmente la Familia es el lugar donde la persona humana nace, crece y se desarrolla, y muere, como persona. Esto significa que cada uno de los miembros de la Familia es aceptado de modo incondicional por su calidad de persona, por el mero hecho de existir y ser parte de la familia, y no por las cualidades específicas que tiene.

Siguiendo a David Isaac y como fruto de esta aceptación, la Familia es una escuela de intimidad, que nos permite desarrollarnos por dentro, viviendo los valores más íntimos de la persona; pero, al mismo tiempo la familia es una escuela de apertura en la que aprendemos a relacionarnos con los demás, donde la empatía, la asertividad y el touching juegan un papel preponderante.

Tradicionalmente, la familia es una escuela de vida ya que en las relaciones naturales típicas de las familias numerosas se daban un sinfín de situaciones donde las personas aprendían a relacionarse, a respetar la autoridad, la tolerancia y la generosidad, entre otras muchas virtudes. Típico ejemplo son las peleas y juegos entre hermanos pequeños, que unen y preparan para el mundo.

En la evolución de la familia empresaria se distinguen varias etapas: constitución de la pareja, educación de los hijos, incorporación o no de los hijos a la Empresa y la marcha de los hijos. La familia es el elemento diferencial -y a la vez más apasionante y problemático- de la empresa familiar. Los conflictos, rivalidades y tensiones son los principales problemas que afectan a la empresa familiar, que está condicionada por las características de la Familia Empresaria. Una Familia armoniosa genera armonía en la Empresa. Por el contrario, una Familia conflictiva genera relaciones conflictivas en la Empresa.

En nuestra experiencia, hemos comprobado que hay familias más conflictivas que otras, por diversas razones, tanto culturales, sociales

CAPÍTULO 1

y de personalidad. La familia tendencialmente conflictiva difícilmente puede tener una comunicación e interacción clara y sincera en la que predomine la confianza sobre la rivalidad. Además, la familia conflictiva suele estimular el miedo a ser engañados, simultáneamente a una baja autoestima, que incentiva la desconfianza y la manipulación. En estos casos, como en otros ámbitos de la vida, no hay que perder la esperanza sino actuar, de la mano de expertos, en la generación de una comunicación sana que vaya, poco a poco, construyendo espacios de confianza y de progreso en las relaciones.

De este parecer es Nuria Chinchilla, profesora del IESE de Barcelona, a quien he tenido la ocasión de escuchar en varios eventos académicos. Además de ser Doctora en Dirección de Empresas y profesora ordinaria de Dirección de Personas en las Organizaciones, ella es la Directora Académica del Programa "Lidera tu liderazgo: desarrolla tus competencias directivas". Estamos de acuerdo con ella en que cada empresa tiene una tarea ineludible, que es la de definir las competencias que deben tener sus directivos a la hora de ejecutar la estrategia y de esta manera cumplir la misión y la responsabilidad empresarial.

Este diseño y planificación de las competencias directivas, tanto de los directivos familiares como no familiares, no tiene otro objetivo que el de lograr la eficacia ejecutiva. ¿Qué hace eficaz a un directivo?, se pregunta hace muchos años Peter Drucker. Su respuesta no pudo ser más concreta: todos los ejecutivos eficaces, independientemente de su estilo, que puede ser más carismático y extrovertido o, por el contrario, más introvertido, tienen en común el hecho de que siguen ocho pasos:

1. Se preguntan ¿Qué hay que hacer?

2. Se preguntan ¿Qué le conviene a la empresa?

3. Desarrollan planes de acción

4. Asumen la responsabilidad de sus decisiones

5. Asumen la responsabilidad de comunicar

6. Se centran en oportunidades en vez de problemas

7. Conducen reuniones productivas

8. Piensan en equipo y dicen "nosotros" en vez de "yo"

Con las empresas familiares con las que trabajamos, solemos aplicar un diagnóstico que mide precisamente la eficacia, no sólo de la calidad del conocimiento que se necesita para operar el negocio con éxito, sino también el mapa de acciones que se requieren para aterrizar la estrategia. De igual forma, es importante que todos los directivos, también la gerencia media, participen de la ejecución con ámbitos importantes de empoderamiento y responsabilidad.

Al respecto, un caso queremos evocar ahora, una situación que se repite no pocas veces. Cuando se es hijo de un empresario que

CAPÍTULO 1

se ha hecho a sí mismo, carismático, autoritario y heroico, a veces ocurre que, por miedo a no alcanzar los niveles esperados por el padre o la madre, se incurre en la desmotivación y la frustración. Sin duda es una situación desagradable, que afecta al desarrollo de las capacidades naturales de los hijos, que ven mermado su potencial por el sentimiento de no lograr satisfacer los deseos paternos. Se trata de la eterna lucha entre lo ideal y lo real. No es raro que estas situaciones emocionalmente desagradables, si no se atajan a tiempo, deriven también en expresiones de ira o estrés que no pocas veces la persona afectada acaba somatizando en alguna enfermedad. En consecuencia, recomendamos siempre el manejo profesional de las emociones, por el alto impacto que pueden llegar a tener en el desempeño.

Un caso particular son las empresas de tercera generación, donde, normalmente, son más frecuentes los conflictos entre los familiares que participan en la gestión y los que sólo participan en la propiedad. De hecho, muchas de estas rivalidades permanecen latentes hasta que mueren los líderes familiares de peso.

Es vital generar una cultura apreciativa de las tensiones y conflictos, pues éstos no siempre son negativos; de hecho, pueden servir para promover la necesaria renovación estratégica y organizativa de la empresa. Uno de los grandes retos de las familias empresarias es la transformación, la gestión del cambio -natural, por otra parte- que se da en las organizaciones con el paso del tiempo.

Idea 5:
Prioridades y fronteras
en la empresa familiar

Si preguntamos a los empresarios familiares "qué es lo más importante para ellos", no hay unanimidad en la respuesta. Buena parte de nuestros clientes nos contestan que, en la práctica, los hechos demuestran que tiene prioridad la empresa familiar ya que las relaciones familiares han ido perdiendo peso con el tiempo.

Sin embargo, no son pocas las familias empresarias que ponen a los intereses de la familia por encima de los objetivos empresariales, aun a sabiendas de que renunciaban a un mayor grado de éxito económico. Imposible no compartir aquí el caso de un cliente que opera principalmente en la región de Jalisco, México. En una conversación, con ocasión de una planificación estratégica, nos comentó: "En esta empresa, siempre, siempre, habrá un puesto de trabajo para un familiar. Así lo quiso el fundador y así será mientras dependa de mí, aunque implique mayores costos, aunque haya otras personas que podrían hacer mejor ese trabajo. No hay mayor orgullo que el que un familiar pueda crecer y desarrollarse en la empresa familiar".

En nuestra experiencia, hemos observado que hay demasiadas personas pertenecientes a una empresa familiar que viven como si lo que más les tuviera que importar fuera la empresa o la familia. Es decir, tiene una aproximación a la empresa familiar en forma de dualidad, o una u otra, o ninguna de las dos. Conciben este apasionante reto en términos de alternativa, cuando existe una tercera opción: el equilibrio, saber dónde estás en cada momento y actuar buscando la estabilidad que todo ser humano necesita sin renunciar, con creatividad, a cuestionar si tal seguridad es sostenible en el tiempo. Demasiada estabilidad significa, muchas veces, renunciar a la innovación que hay en la naturaleza humana que siempre pide "más" o "mejor" o "diferente".

También hay familias con éxito en sus negocios que mantienen las dos prioridades al mismo tiempo. Conceden la mayor prioridad en su vida cotidiana a la familia y al trabajo, por igual. Dicho de otro modo, a nivel de principios la familia es prioridad, aunque en el día a día será aquélla la que ceda el paso a la empresa, con la intención que los intereses familiares puedan ser sostenibles en el tiempo. Es clave comprender que la familia es mucho más que la familia de hoy: es necesario incluir a los que vendrán en el futuro, pensar en ellos. Lo más sagrado que hay en una familia es su capacidad de trascender en el tiempo.

Como es lógico, la prioridad interiorizada varía de unos familiares a otros. No todos están en la misma onda, por un tema de edad, de madurez, de valores, de intereses, de prioridades. A veces, advertimos que algunos miembros de la familia empresaria no se esfuerzan por abandonar sus posiciones individuales en beneficio de la empresa o incluso de la familia. Con frecuencia, unos valoran el corto plazo y presionan para dividendos y sueldos altos; otros, por el contrario, tienen una mirada más en el largo plazo y preferirán que los beneficios se reinviertan en la empresa.

Por todo lo anterior, reiteramos la conveniencia de realizar el Mapa de la Familia Empresaria mencionado en un apartado anterior. Sin un diagnóstico familiar adecuado, sin un inventario de los riesgos y disfunciones, sin saber quiénes no comparten un mismo modelo de empresa familiar, es complicado diseñar, trazar y ejecutar un Protocolo.

Idea 6:
Cuando la empresa es la prioridad

Es un escenario muy frecuente. La empresa lo domina todo y los asuntos de la empresa importan más que cualquier otra cosa. Poner en marcha una empresa requiere mucho tiempo y una gran cantidad de energía, es cierto. Las perspectivas son tentadoras y los resultados tempranos impulsan a un mayor esfuerzo y dedicación del que todos se van a beneficiar. Todo sacrificio es poco y vale la pena.

En este marco, el fundador está haciendo lo que siempre ha querido hacer: trabajar realizando su sueño. Trabajar, muchas veces sin descanso. Y la familia sufre las consecuencias. Porque todo tiene un precio. En esta atmósfera donde la empresa es la prioridad, las conversaciones en la familia, incluso las del domingo, en torno a un asado o paella, suelen girar en torno a la empresa. Comprensible: es el momento en el que están todos, por lo general en un ambiente más distendido y relajado.

Sin embargo, no es oro todo lo que reluce y tal modo de proceder tiene sus riesgos, ante los cuales es necesario actuar. Las familias que conceden la principal prioridad a la empresa pueden acabar desconociendo todo lo demás que la vida les puede ofrecer. Y desde luego los matrimonios se resienten por la falta de atención o de espacios de calidad donde se dé una real "desconexión" de la empresa, de los asuntos profesionales.

Muchas esposas de fundadores toman conciencia de estar casadas con los hijos, mientras son pequeños, y perciben que su marido lo está con la empresa. Los hijos, por su parte, suelen quejarse de no conocer a su padre, pues lo absorbe la empresa y en casa parece un extraño, hablando o quejándose del trabajo, de las muchas cosas pendientes que hay que reclaman su atención; son lamentos a veces incomprensibles, porque todos saben que el padre en realidad hace lo que le gusta y apasiona: la empresa.

Por fortuna, algunos empresarios se dan cuenta a tiempo de que la familia también les necesita. Otros, por desgracia, nos han dicho que, si pudieran retroceder en el tiempo, actuarían de otro modo. Nuestro aprendizaje, en este punto, es contundente: debemos ser conscientes de lo que representa la familia en nuestras vidas, las necesidades afectivas de cada miembro de la familia y dar lo mejor de nosotros a cada uno sin delegar funciones que son propias. Hay que cuidar lo que queremos conservar.

En las empresas familiares de éxito es habitual encontrar personas que se distinguen por su excelencia, laboriosidad, iniciativa, sencillez y austeridad, cuyas iniciales forman lo que denominamos el modelo ELISA.

(Miguel Ángel Gallo)

Idea 7:
Cuando la familia
es la prioridad

Por otra parte, hemos sido testigos de la existencia de otro tipo de empresa familiar, aquella que adopta un enfoque fuertemente familiar. Usualmente, estas empresas son dirigidas como una familia, emocional y protectoramente. Además, con frecuencia, muestran un estilo de liderazgo carismático y paternalista, que hace imposible tomar decisiones necesarias a tiempo. A este tipo de empresas se refiere el refrán "abuelo empresario, hijo vividor y nieto mendigo".

Sin duda, tiene sus ventajas poder dirigir una empresa como una familia. El problema es que, por lo general, este modo de actuar no puede sacar lo mejor de cada colaborador porque es muy difícil, por no decir imposible, ser paternalista y a la vez lograr el mayor desempeño. Las empresas familiares que han logrado ser exitosas a lo largo del tiempo, especialmente cuando actúan en contextos globales y altamente competitivos, han ido dejando de lado la lógica familiar estimulando, por el contrario, la lógica profesional.

Cuando se gestiona una empresa como una familia, se suele contratar a familiares por ser quiénes son y no siempre por sus capacidades. Además, el liderazgo está determinado por la primogenitura o años de servicio en la empresa. Su preparación consiste en un proceso de aprendizaje dentro de la empresa, normalmente desde muy jóvenes, sin necesidad de adquirir experiencia en el mundo exterior. Esta práctica interna suele considerarse suficiente para afrontar los retos y responsabilidades del cargo que los familiares ostentan.

CAPÍTULO 1

A veces, este tipo de empresas valoran a los colaboradores sobre todo por su lealtad y fidelidad, y no tanto por los resultados o nivel de desempeño. Consideran a esos empleados como una prolongación de la familia, pero, habitualmente, sin acceso al círculo de decisiones estratégicas.

Estas empresas tienen un encanto especial, cuando les va bien, pues llevan una existencia agradable proporcionando puestos de trabajo para los miembros familiares y un ambiente, entre los colaboradores, atractivo, complaciente y afectuoso. Recordamos el caso de una empresa familiar colombiana en la que los colaboradores se sentían felices de pertenecer a la empresa por el prestigio de la familia y por el trato que recibían. En la evaluación de clima laboral, los encuestados destacaban sentirse "altamente comprendidos, queridos y pagados por encima de otras empresas del sector". Como decimos, estas empresas familiares irradian una fascinación especial, mientras que el viento sople a favor.

Otra característica de este tipo de empresas es que los familiares suelen ocupar la mayoría de los puestos clave, por no decir todos. El paradigma de acción es muy simple y responde a la siguiente pregunta: ¿En quién se puede confiar más? La respuesta "correcta" es lógica: -En la familia, en los familiares con más años de lealtad a la empresa.

Por desgracia, las cosas no son blancas o negras. Ojalá fuera tan sencillo medir la confianza y saber quién es digno merecedor de un cargo de liderazgo y responsabilidad.

El problema de este modo de entender la empresa familiar se hace evidente cuando aparecen dificultades. Difícilmente, las empresas familiares carismáticas y paternalistas presentan dosis saludables de autocrítica al haber creado una gerencia media, cuando la hay, que simplemente ejecutan lo que los líderes familiares deciden, sin cuestionar o discutir nada.

Cuando hemos tenido que asesorar a este tipo de empresas, que son y quieren seguir siendo así, hemos recomendado que al menos generen espacios de calidad, al menos con una periodicidad trimestral, para preguntar a los colaboradores sugerencias mejora y cambio. También las evaluaciones de desempeño, de 180 o 360°, de clima, cuando están bien hechas preparando adecuadamente a los colaboradores, pueden arrojar información valiosa y aumentar el nivel de conciencia de los líderes, siempre y cuando tengan una actitud humilde y abierta al cambio. A éstos, nos gusta recordar la frase de Tácito: "Quien se enfada por las críticas, reconoce que las tenía merecidas".

En estas empresas, es típico que, en época de crisis, se echan las culpas a terceros, como a las multinacionales, que compiten con ventaja, a la legislación vigente o a la situación económica reinante. La humildad es esencial para concentrarse en lo que depende de nosotros y así no perder fuerzas pensando en aquellas variables sobre las que no podemos intervenir.

La crítica debe hacerse a tiempo; no hay que dejarse llevar por la mala costumbre de criticar sólo después de consumados los hechos.

(Mao Tse-Tung)

Idea 8:
Empresa y familia,
el reto del equilibrio perfecto

Decía Platón que el hombre es un como un piloto, como un chófer, que debe conducir un carro tirado por dos briosos caballos: el placer y el deber. El arte del conductor consiste en lograr templar la fogosidad del corcel negro (el placer) y acompasarlo con el blanco (el deber) de tal manera que logre el reto de correr sin perder el equilibrio. Algo parecido, pensamos, se puede decir del empresario familiar. Tiene el enorme reto de liderar la empresa en un equilibrio perfecto, donde tanto los objetivos empresariales como familiares sean satisfechos de manera razonable.

Hay familias que han logrado formar una unidad alrededor de la empresa que les permite actuar adecuadamente para lograr una vida familiar feliz y, simultáneamente, una empresa exitosa. Han sabido tomar conciencia de que ello no sólo es posible, sino que la felicidad familiar y el éxito empresarial pueden tener una interacción positiva.

Todos caminan en la misma dirección y aportan sus esfuerzos por la misma causa, logrando destacar por su armonía. Esto implica que, en épocas de mucho trabajo, la familia comprende la dedicación especial a la empresa. Pero, al mismo tiempo, la familia está convencida de que ella pasará a ocupar un lugar prioritario en épocas de normalidad empresarial y en situaciones de especial necesidad familiar. En una escala de valores, la familia es lo primero, sin duda, pero ¿qué sería -y haría- una familia empresaria sin la empresa? No es contradictorio querer las dos cosas.

Estas familias dirigen sus empresas profesionalmente y conceden prioridad principal a sus familias, a sus necesidades y valores. Encuentran huecos para la familia, pues el amor no crece en los árboles, como tampoco el dinero.

Estas familias saben salir juntos a fiestas señaladas, sacan tiempo para conversar y participar con sus hijos en las actividades de éstos. Además, suelen integrar perfectamente a varias generaciones y hacen concesiones para "tenerlo todo". Entre las empresas familiares que he tenido la fortuna de conocer de primera mano, queremos destacar en estos momentos a la Familia Cavigliasso, de Maniagro Argentina, una de las empresas más importantes en producción manisera del país. Don Daniel Cavigliasso, con sus hijas Melissa, Gisel y Flor, y con su hijo Gastón, junto a un grupo de profesionales altamente capacitados en cada una de las áreas de producción, ha logrado ser un excelente líder, consciente de la importancia de ese equilibrio perfecto que mencionamos.

Muchas veces, las urgencias del negocio roban tiempo a la vida familiar y esto es fuente de tensiones. Es normal que, de vez en cuando, haya situaciones extraordinarias en la empresa que requieran más dedicación de la habitual. Lo fundamental es que esta situación que advertimos no se convierta en una norma. El estadista chino Mao Tse-Tung, con razón criticado por su autoritarismo brutal, tenía una frase para explicar algunos de los errores graves que cometió: "Lo urgente generalmente atenta contra lo necesario".

Para que un Protocolo pueda ser útil, y en verdad un medio para tener la "casa" ordenada, es necesario tener claras las prioridades. "Es el primer paso para organizar bien el tiempo y ser capaz de repartirlo entre las dos esferas, la familiar y la empresarial, de una forma equilibrada. Por muy absorbente que sea el trabajo, quien está

CAPÍTULO 1

---

convencido de que el "frente doméstico" es tan importante como el empresarial sabrá encontrar la manera de hacerlos compatibles", enseña Josep Tàpies.

A su vez, los mojones o las señales que marcan el límite entre propiedad y dirección han de estar muy bien marcados. La propiedad es cuestión de ser dueño; la dirección es cuestión de liderazgo, talento y habilidad. Es cierto que en ambos "mundos" se requieren una serie de conocimientos y habilidades para realizar bien la función, que se pueden a veces adquirir con educación, voluntad de aprender y experiencia. Sin embargo, la propiedad es una cuestión esencialmente de herencia o de recursos económicos; en la dirección, por el contrario, lo fundamental es tener la capacidad de hacer bien las cosas.

Una de las consecuencias más importantes de reconocer esta frontera entre propiedad y dirección es aceptar que, el simple hecho de que alguien posea algo, no significa que tenga dirigirlo. En efecto, la posesión no incluye el conocimiento ni tampoco la destreza para hacer el mejor uso de nuestras posesiones.

> En la empresa familiar, tanto la familia, como la empresa requieren una atención adecuada. Sobreactuar sobre una de ellas, relegando la otra, es un error que se paga muy caro, a veces en dinero o en sufrimiento familiar. Si está interesado en medir de manera gratuita el grado de "equilibro perfecto", puede solicitarlo aquí: www.invivus.es.

Idea 9:
Qué entendemos por
Protocolo Familiar

Desde hace varias décadas se ha escrito mucho sobre el Protocolo Familiar y, de modo paralelo, se ha enseñado en las principales Escuelas de Negocio los beneficios y ventajas de contar con uno. En no pocas Facultades universitarias, se abrieron cátedras o departamentos dedicados a estudiar la empresa familiar y, como consecuencia, los protocolos familiares.

A pesar del notable avance que ha habido en esta materia en los últimos años, todavía encontramos empresarios que no tienen claro de qué se trata ni para qué sirve un Protocolo Familiar. Queremos aquí aportar un granito de arena al objetivo de comprender cuál es su naturaleza y utilidad.

Aunque existen múltiples definiciones de Protocolo Familiar, puede sernos útil la que aparece en la Guía para Pymes del Ministerio de Industria, Comercio y Turismo de España: "El Protocolo Familiar se constituye como un instrumento específico de las empresas familiares para regular todos aquellos aspectos que faciliten su continuidad, anticipándose a las eventuales discrepancias que puedan surgir en su seno y garantizando el mantenimiento de las coordenadas básicas particulares de la empresa".

En el Anexo II, se muestra un cuadro con distintas definiciones de Protocolo Familiar.

Para ilustrar lo que los autores entendemos por Protocolo Familiar, contaremos una anécdota vivida en el Paraguay, país con un

CAPÍTULO 1

encanto y atractivo especial, sobre todo por su gente. A fines de la década del 90, la Universidad Americana de Asunción me pidió dar una conferencia a empresarios familiares de ese país. Al finalizar la misma, se me acercó el propietario de una empresa de transportes, de unos sesenta años, y me sorprendió con la siguiente pregunta: "¿Por qué hablan ustedes tanto sobre el protocolo en las empresas familiares? ¿De verdad es importante o simplemente se trata de una moda?".

Mi respuesta fue muy breve, quizá demasiado: "Porque a todas las empresas familiares les viene muy bien establecer unas reglas de juego por las que se rijan las relaciones entre la Empresa y la Familia. Si usted ya ha establecido estas reglas y está satisfecho de cómo le va, no necesita protocolo".

Hoy mi respuesta hubiera sido otra, porque la hubiera completado con una idea muy poderosa de Stephen Covey: "Una de las verdaderas pruebas del liderazgo es la habilidad de reconocer un problema antes de que se convierta en una emergencia".

En efecto, un Protocolo Familiar es indudablemente una señal muy luminosa e irrebatible de liderazgo. De todos modos, mis palabras debieron despertar el interés en aquel empresario paraguayo, ya que finalmente me pidió tener una reunión para hablar más detenidamente sobre el tema.

> *La trayectoria seguida por una hormiga puede parecer compleja, pero las reglas del proceso de búsqueda son simples.*
> (Murray Gell-Mann)

La pregunta que se hacen muchos es legítima: ¿Es el Protocolo Familiar solamente un documento que recoge por consenso las reglas de juego por las que han de regirse las relaciones entre la familia empresaria y la empresa y de ambas con la sociedad?

Por lo dicho anteriormente, el Protocolo Familiar es eso y algo más, a veces mucho más. De hecho, se trata de un proceso discusión y de contraste de ideas por el que las personas implicadas en el mismo inician un nuevo modo de ver las cosas en la empresa y en la familia. Además, esta nueva perspectiva debe responder a una cultura de hacer las cosas, y, por lo tanto, tiene que continuar durante la vida de la empresa familiar. Para muchas empresas, el Protocolo ha significado mucho más que un documento pues, a raíz de él, se han acostumbrado a una cultura del diálogo y de la comunicación asertiva, que busca consensos y actúa basado en criterios. En otras palabras, el Protocolo ha sido el acicate para manejar las diferencias de manera mucho más funcional y productiva.

El hecho de ver las cosas de modo diferente no es un problema, sino una oportunidad de enriquecer la visión global. Stephen Covey insistía mucho en la necesidad e importancia de saber valorar las diferencias. Por eso, para nosotros, la regla número uno de todo Protocolo Familiar tiene que ser esta: Un buen protocolo de familia debe ser una obra maestra de sinergia porque en él se valoran las diferencias y se potencian la unidad, el trabajo en equipo y los resultados.

Las personas que celebran las diferencias valoran la diversidad; las consideran ventajas y no debilidades. Aprendieron que dos personas que piensan de forma distinta pueden lograr más que dos personas que piensan de forma similar.
(Stephen Covey)

CAPÍTULO 1

En nuestra experiencia, lo más habitual es que, al finalizar el proceso de elaboración del Protocolo, algún miembro de la familia toma la voz cantante para manifestar lo positivo del proceso, que se parece a veces al complicado trayecto de las hormigas que salen en busca de alimento, con un andar meticuloso, con idas y vueltas inesperadas para un observador externo, pero siguen un patrón bien definido.

Entre los factores positivos que las familias empresarias destacan del trabajo realizado durante meses, recalcan la comunicación y cómo ésta ha mejorado tanto en la empresa como en la familia. En uno de los encuentros que tuvimos, un importante empresario del sector transporte nos reconocía con pesar: "Ha habido más diálogo en este último año que en décadas de historia de la empresa familiar. También he visto en qué me he equivocado con uno de mis hijos". A veces, las actividades del día a día nos hacen caer en el mundo de lo urgente y, sin quererlo, descuidar hasta las cosas más básicas. "La forma en que nos comunicamos, con otros y con nosotros mismos, determina la calidad de nuestras vidas", afirma Anthony Robbins.

Por el contrario, también hay casos de familias empresarias que, una vez realizado el Protocolo y firmado el documento de marras, lo guardan bien en la caja fuerte junto a los Estatutos de la empresa y otros documentos confidenciales y no se acuerdan de él, salvo para comentarlo en tertulias de empresarios, como muestra de estar al día, como señal y prueba de que ellos y sus empresas no se han quedado atrás y también tienen un Protocolo.

No nos cansaremos de repetir que el documento consensuado tiene mucha importancia, pero lo más relevante es su proceso de elaboración, que mejora sustancialmente las relaciones en la empresa familiar, y sobre todo su encarnación en las vidas de los miembros de la familia y la empresa. Es decir, el Protocolo es importante en tanto se viva y se lleve a la práctica. A este respecto, recordamos con admiración el caso de una familia empresaria de Barranquilla, Colombia, que tiene, por el momento, ocho versiones del Protocolo, un documento que cobra vida cada año en la reunión familiar anual, un encuentro especial donde todos pueden proponer cambios y mejoras. El fundador de esta empresa colombiana sostiene con razón: "Un Protocolo tiene que reflejar la vida de la empresa y de la familia. El nacimiento de un hijo, la incorporación un familiar a la empresa familiar, el surgimiento de una necesidad o expectativa legítima no contemplada en su momento, o cualquier otra circunstancia que suele ocurrir con total normalidad, como en cualquier otra empresa, queremos que quede reflejado en el Protocolo". Por eso, suelen actualizarlo casi cada año. "¡Es lo más lógico!", afirma el empresario familiar.

Recuerdo una conferencia dictada por Miguel Ángel Gallo, profesor emérito de la prestigiosa escuela de negocios IESE, un referente mundial en los temas relacionados con la empresa familiar. De hecho, participé en la organización de este encuentro del profesor Gallo con empresarios, que tuvo lugar en Zuera, ciudad próxima a Zaragoza, capital de la histórica y noble región de Aragón, donde abundan las pymes familiares. Tuve el privilegio de llevar al Profesor Gallo en mi coche. Estaba presente también D. José Joaquín Sancho Dronda, de feliz memoria, quien fuera Director General de Ibercaja, Presidente de la Asociación Española de Cajas de Ahorros y Presidente de la Asociación Internacional de Cajas de Ahorro, un hombre realmente excepcional, un aragonés cabal, un caballero respetado como pocos en el mundo empresarial de España.

En un momento del mencionado encuentro empresarial, el Profesor Gallo dijo, más o menos, la siguiente afirmación: "La primera persona que habló de Protocolo Familiar fui yo...corría el año 1991. Puedo considerarme como el fundador. El Protocolo Familiar es una

CAPÍTULO 1

---

herramienta para aumentar la paz y la unidad en la familia y en la empresa; no para hacer mejor la guerra. Si lo que se quiere es dar un golpe en una empresa, hay otros instrumentos mejores". Sabias palabras: grave error es acudir a un consultor para que inicie un proceso complicado y oneroso cuando lo que se pretende es imponer de manera unilateral un punto de vista o una manera de entender la empresa familiar.

Hacer las cosas bien, ser un empresario familiar exitoso y cabal, puede doler a veces, pero es lo único que vale la pena cuando uno se enfrenta, en la soledad de su conciencia, a lo que realmente es y quiere llegar a ser.

Los autores hemos sido testigos de empresarios que aman a la empresa y a la familia con tal dedicación que se dejan la vida en ello, que no cierran nunca los ojos a las necesidades del negocio y de los suyos, con un corazón gigante que parece que nunca se rompe. Pues bien, ellos, sus sacrificios, merecen dejar un legado positivo, ser valorados en su justa medida y de manera apreciativa, ser esperados cuando llegan agotados a casa, ser apoyados en la ardua tarea de preparar la sucesión y hacer viable la empresa a lo largo del tiempo. Pues bien, a todo esto, sin duda, debe estar atento un buen Protocolo.

La única cosa que nos llevamos el día que morimos es precisamente el amor que hayamos logrado sembrar con nuestro ejemplo y nuestras acciones. Es nuestro convencimiento que el trabajo de elaboración de un Protocolo debe realizarse desde el filtro del respeto, el aprecio y el reconocimiento a quienes nos han precedido y forman parte de la historia de la familia empresaria. Un buen protocolo de familia debe ser una obra maestra de sinergia y servicio, porque en él se valoran las diferencias y se potencian la unidad, la productividad, la competitividad sostenible, la comunicación, el trabajo en equipo y los valores que forman parte de la identidad de la familia empresaria.

La comunicación es una habilidad que puedes aprender. Es como montar en una bicicleta o teclear. Si estás dispuesto a trabajarlo, puedes mejorar rápidamente la calidad de cada parte de tu vida.

(Brian Tracy)

Idea 10:
El contenido del
Protocolo Familiar

A continuación, entraremos en las entrañas de los temas que recomendamos contemplar en un Protocolo Familiar.

Por un lado, queremos aclarar que el contenido del Protocolo debe ser aquél que quieran los familiares implicados en la empresa familiar. Ellos son los que realmente conocen dónde les "aprieta el zapato", dónde se producen las tensiones más comunes o complicadas y, por tanto, los temas sobre los que es necesario que la familia empresaria dialogue con especial atención y establezca acuerdos.

En este proceso, los asesores externos pueden ayudar a valorar en su justa medida la importancia de cada uno de los temas, así como también a dar equilibrio a la trascendencia que puede tener un asunto para el futuro de la empresa y de la familia.

Con el ánimo de ofrecer una guía a los primerizos que se quieren lanzar a realizar un Protocolo Familiar, o simplemente estar preparados para entender el trabajo de un consultor, que tiene como misión la elaboración de un Protocolo, se incluyen en el siguiente cuadro aquellos asuntos que sería conveniente no dejar de lado en el Protocolo. Sin ánimos de ser exhaustivos, recomendamos tener presente o incluir los siguientes temas:

Cuadro 6: *Temas que se deben incluir en un Protocolo.*

TEMAS	CONTENIDO
Marco Familiar	Historia de la Familia, motivos del Protocolo Familiar, cultura de la Familia y de la Empresa, compromiso, misión, valores familiares, empresariales y sociales, código ético.
Órganos de Gobierno	Consejo de Familia, Consejo de Administración, Consejeros Independientes, Comité de Dirección y Consultores Externos.
Políticas de Empresa	Tipo de empresa, intenciones de desarrollo, riesgo y diversificación, pérdida de ser familiar, criterios de selección, remuneración, motivación y promoción de familiares y no familiares, evaluación de capacidades y planes de formación y salidas de la Empresa.
Políticas relativas a la propiedad	Dividendos, sindicaciones, transmisión y venta de acciones, fondos de liquidez, valoración de la Empresa Familiar, información y control, tratamiento de conflictos, relaciones con parientes políticos, capitulaciones patrimoniales, testamento y participación en la Empresa Familiar.
Disposiciones finales	Pactos de socios, disposiciones a incorporar a los Estatutos y sistemas de hacer efectivo el Protocolo Familiar.

Fuente: Elaboración propia.

En el cuadro anterior aparecen las capitulaciones matrimoniales y el testamento que, vale la pena mencionarlo, son temas para tener muy presentes. Por fortuna, cada vez menos pero sí constatamos que son temas que suelen postergarse esperando siempre un mejor momento para ser abordados. Aquí queremos señalar que la experiencia es muy amplia en cuanto a incidencias ocasionadas en las empresas familiares por los cónyuges de los miembros familiares, especialmente si se produce algún tipo de ruptura entre los mismos, algo más frecuente en la actualidad que en épocas pasadas.

Como es comprensible, casi nunca es agradable informar al futuro cónyuge de que existe un Protocolo Familiar en el que se establece algún acuerdo controversial, como la necesidad de realizar separación de bienes, pero es incomparablemente más llevadero que solucionar los problemas que suelen producirse en este asunto cuando no hay claridad ni dicha independencia. Muchas familias han sido víctimas, y sus patrimonios afectados, por no haber actuado a tiempo en este tema.

Los conflictos que se presentan en gran parte de las empresas familiares se relacionan con la inexistencia de un protocolo familiar. Contar con unas reglas de juego claras y consensuadas, que regulen las relaciones profesionales y económicas entre la familia y la empresa, es esencial para lograr la continuidad de ésta sin perjudicar los objetivos familiares.

(Felipe Prósper)

CAPÍTULO 1

Idea 11:
La finalidad del
Protocolo Familiar

Un punto importante, que por evidente que parezca no siempre se tiene presente, es la necesidad de validar que todos los miembros de la familia conocen y están alineados con la finalidad de un Protocolo.

Nosotros tenemos por costumbre explicar en la primera sesión que tenemos con la familia empresaria lo que es un Protocolo Familiar, su utilidad y forma de llevarlo a cabo. Recordamos el caso de un cliente que, días después de la primera sesión, nos visitó al despacho para hablar sobre el tema. Manifestó su alegría porque con la realización del Protocolo Familiar se arreglaría su situación personal dentro de la empresa y de una vez por todas se eliminarían los agravios comparativos entre los hermanos.

El cliente tenía una expectativa del todo justa en el sentido de que, si se hacía un buen protocolo, se lograría la finalidad indicada por él y la situación de cada uno en la empresa sería más justa y motivadora. De todos modos, entendimos que existía el riesgo de que no hubiera entendido la verdadera finalidad de un Protocolo y que éste poco puede hacer si los familiares no tienen interés en establecer unas reglas justas y, después, respetarlas. El Protocolo, por sí solo, no produce milagros.

En consecuencia, procuramos dejarle claro que la finalidad primordial del Protocolo es ayudar, de modo efectivo, a que la familia y la empresa formen un solo bloque cohesionado, unido por lazos de afectividad, conciencia social y profesionalidad y que las normas acordadas resuelvan, al mismo tiempo, los retos empresariales del futuro y las inquietudes o necesidades legítimas de los miembros de la Familia.

En definitiva, la razón de ser del Protocolo es fortalecer la unidad familiar y asegurar la continuidad empresarial, como objetivos prioritarios a los que habrán de alinearse los planes estratégicos. Las políticas de empresa y las decisiones familiares y empresariales deben subordinarse a esa gran mega -meta, finalidad última- que persigue todo protocolo familiar.

> *Las empresas familiares que deseen elaborar con éxito un protocolo familiar deben contar con dosis suficientes de flexibilidad en sus líderes claves. No hemos sido hechos de mármol, algo sólido e inalterable. Somos algo vivo, puro movimiento. Cuando somos coherentes con nuestra naturaleza, las cosas acaban ordenándose de la mejor manera.*
>
> (Pablo Álamo)

Idea 12:
¿Qué tipo de empresa o negocio familiar queremos?

Cuando se asesora a una pyme familiar, produce buenos frutos la costumbre de entregar un folleto sobre empresa familiar en el que se tratan de modo muy breve los temas que más afectan a este tipo de empresas. El contenido del folleto se discute y trabaja con todos

CAPÍTULO 1

los familiares implicados en reuniones grupales. Este trabajo es enormemente productivo ya que logra el objetivo de alinear a toda la familia empresaria en los temas claves.

En efecto, es vital uniformar el significado de las palabras y familiarizarse con unas ideas sobre la empresa familiar, que no siempre son coincidentes, unas veces por diferencias en la formación de los familiares, otras por una cuestión de roles, y también, casi siempre, por los valores, paradigmas o modos de ver las cosas tan diferentes que cada uno tiene. Discutir los temas de modo sereno y utilizando un lenguaje común genera mucha unidad y comprensión. Al lector que, pacientemente, ha llegado hasta aquí en la lectura de este documento, cuenta con un regalo: puede solicitar en www.invivus.es una versión de este folleto y, de manera gratuita, la recibirá.

En nuestra experiencia, hay muchas consecuencias positivas al respecto. En concreto recordamos aquí, en estos momentos, a una familia española compuesta por padre, dos hijas y dos hijos. Esta familia empresaria comenzó a estudiar el folleto antes comentado. Según algunos comentarios que nos habían llegado, el hueso duro de roer era el padre; sin embargo, los hechos que observamos durante la consultoría mostraban una realidad muy distinta. Con gran sorpresa para todos, el padre venía a las reuniones con el folleto subrayado y era el más activo haciendo preguntas, comentarios y sugerencias.

Un año después, se produjo la sucesión en la empresa y "el líder sospechoso" dio un fenomenal ejemplo, dejando hacer a su sucesor y apareciendo por la empresa sólo cuando había reunión del Consejo de Administración o cuando los hijos se lo solicitaban. Este buen empresario, y mejor persona, nos recuerda la importancia de "aprender a soltar", después de haber sido ejemplo de sostén, sacrificio, compromiso, cuidado y amor. Lo fácil es salir huyendo cuando todo se complica; lo difícil, cuando todo está bien, preparar la sucesión y "huir" cuando estás en la cima del éxito, antes de que éste te ciegue.

En otra oportunidad, en una empresa distinta, después de haber comentado el folleto citado, quien hacía de líder en la empresa comentó: "Las cosas no se dicen: se hacen. Nosotros queremos hacer el Protocolo Familiar, porque creemos que nos ayudará a poner bonita a nuestra empresa y así poder venderla mejor". ¿No es este un excelente ejemplo de tener claro el propósito? Saben lo que quieren. Como dijimos anteriormente, el respeto, el aprecio y la valoración deben guiar la elaboración de un Protocolo, siguiendo el camino del consenso que los familiares vayan marcando. Si éste es vender, no hay nada que objetar. En nuestra experiencia, es un error pretender obtener buenos resultados, cuando se le impone un determinado modo de pensar a una familia empresaria. Al respecto, viene bien recordar la frase de Walt Disney: "Todos los sueños pueden ser verdaderos si tenemos el coraje de perseguirlos", de luchar por ellos.

Posiblemente, la mayoría de las familias empresarias consideran al negocio familiar como un legado recibido y también como un patrimonio a transmitir a sus sucesores y, cuanto más mejorado, mejor. Este deseo de "más y mejor", de superación es natural y lógico. Está en el adn del ser humano que nuestra descendencia herede una situación mejor que la vivida. Este deseo de perfección y de infinito que está en nuestra naturaleza, que nos permite superar miedos y comodidades instintivas, es lo que ha permitido a la humanidad pasar de vivir en cavernas a habitar rascacielos. Por fortuna.

Las familias empresarias deben ser honestas con este sentido vocacional que hay en la naturaleza humana. Es un llamado casi

CAPÍTULO 1

misional, pues imprime carácter tanto en la empresa familiar como en la familia y, sin duda, es una realidad que, con las particularidades de cada caso, de alguna manera, se tendrá que reflejar en el Protocolo Familiar. ¿Hacia dónde va la familia? ¿Cuál es su visión? ¿Cuáles son sus sueños? ¿Qué estrategias manejan? ¿Cómo cambiar sin dejar de ser fieles a su esencia?

Asimismo, otras familias buscan principalmente que los negocios familiares sean una oportunidad para que se incorpore a trabajar en ellos el mayor número posible de miembros de la familia, lo que puede ser positivo, siempre que los familiares den el nivel que la empresa requiere. Un empresario del sector de salud nos decía: "Sueño con que todos mis hijos (de 15, 12, 8 y 5 años) trabajen algún día en la empresa y la hagan crecer. Es un buen negocio del que podrán vivir todos muy bien y sin que les falte nada". Del mismo parecer es otra empresa familiar, el Hospital Geriátrico San Vicente, donde tres grandes mujeres, una heroica madre y dos hijas muy profesionales, han desarrollado un modelo innovador de atención al adulto mayor. Sin duda, es natural y legítimo desear que "la familia" pueda incorporarse a la empresa familiar y ayudar a hacerla crecer con pasión, talento y esfuerzo.

Un caso particularmente destacable es la empresa mexicana La Huerta, una empresa familiar de Aguascalientes que ofrece alimentos saludables a nivel internacional. La calidad de sus productos ha obtenido reconocimientos en Estados Unidos, Canadá y Japón, entre otros países. También el Grupo Edisur, una empresa argentina dedicada al desarrollo de emprendimientos en el sector inmobiliario es un ejemplo loable de "visión familiar", con una intencionalidad de crecer de manera inteligente haciendo uso del talento familiar cuando las circunstancias lo recomienden.

Todas las posiciones son respetables, pero nos parece que en unos casos estamos ante un compromiso a corto plazo con los objetivos, mientras que en otros casos la visión es a largo plazo o, quizás, sin límites de tiempo. Lo importante es conocer muy bien la situación y el propósito de la empresa, así como las motivaciones circunstanciales y profundas de todos los miembros de la familia. Clarificar este punto es esencial para el éxito de un Protocolo.

Llegados a este punto, confiamos en que el lector tenga una idea bastante aproximada de lo que es una empresa familiar. En todo caso, sabemos que, en una empresa familiar, tiene que ser una familia quien controla la mayoría o totalidad de la propiedad y, además, marca la dirección a seguir en todo momento por la empresa.

No podemos olvidar que los resultados económicos importan y mucho. En cualquiera de los casos antes citados, se busca obtener beneficios, algo lógico, ya que éstos forman parte de la naturaleza de toda empresa. Es más, la capacidad para generar beneficios suele ser un estupendo índice de salud de una empresa. Si ésta a largo plazo no obtiene resultados positivos está enferma y termina muriendo, a no ser que alguien sea capaz de revertir la situación.

Aunque los beneficios son necesarios y señal de salud empresarial, hay que pensar en términos de largo plazo, pues puede ocurrir que se obtengan beneficios importantes a corto plazo, pero a un costo de hacer inviable la empresa a mediano o largo plazo. El famoso caso de Parmalat, una empresa familiar italiana, no deja dudas sobre este punto.

Las cosas siempre suceden por algo o por alguien y tienen una causa, conocida o no. En la década de los años ochenta y de los

CAPÍTULO 1

noventa, los directivos coloquialmente llamados "yuppis" fueron caricaturizados como profesionales con una visión miope de la realidad empresarial y social basada en el corto plazo y en los beneficios individuales, sin claros límites éticos, al margen del bien común. Se sentían fascinados por el corto plazo e identificaban el éxito con los resultados a corto plazo por los que recibían generosos bonus que alentaban tal comportamiento.

Por otra parte, en ciertos ambientes políticos y sociales, críticos con los empresarios, hemos constatado que los beneficios son mal vistos. Nuestro pensamiento es claro al respecto: desde el punto de vista ético, no vemos nada malo en generar desarrollo y riqueza si, de alguna manera, se hace partícipes de ésta a quienes son causa de la misma, no sólo a unos pocos que están en el vértice, como habitualmente pasa.

Una persona que respetamos y admiramos, Rafael Termes, quien fue presidente de la Asociación Española de Banca y cofundador de la prestigiosa Escuela de Negocios IESE, solía incidir en que los beneficios son resultados. Es decir, son el remanente que queda a la empresa después de retribuir a los factores de producción, a las personas y a la sociedad, principalmente a través del pago de impuestos.

Lo anterior es válido para todo tipo de empresas, pero especialmente para aquellas empresas familiares que tienen vocación de continuidad y de ser un legado para futuras generaciones. Los socios cortoplacistas suelen ser un serio problema siempre, pero especialmente en estas empresas familiares, porque lo natural en una familia empresaria es el deseo de trascender. Una familia, en esencia, tiene vocación transgeneracional.

Así lo entendió, perfectamente, un cliente que, cuando estábamos en pleno proceso de elaborar las reglas de juego de una empresa del sector alimentario, nos envió un mail con el siguiente mensaje: "Tenemos muchas expectativas en este proceso. Personalmente, tengo la esperanza de que todo ello contribuirá a que la empresa perdure muchos años". Le respondimos que no podíamos estar más de acuerdo. De hecho, un buen Protocolo Familiar debe ayudar a que la empresa familiar, sea cual sea la identidad que le caracterice, sobreviva a muchas generaciones.

> *Lo que más me aterroriza de la sociedad actual es el corto plazo, ver cómo la gente se desplaza dentro de su propio segmento olvidando por completo de dónde viene y sin tener ni la más remota idea de adónde va.*
>
> (Philippe Starck)

Idea 13:
Cultura y valores de la familia empresaria y de la empresa

Como sostienen Peter Leach y la London Business Economics en "La empresa familiar" (1993), "la empresa familiar es única en un aspecto clave: sus directores, managers y empleados comparten además de una relación familiar, normas éticas y de conducta que mantienen, en un mayor o menor grado, en su lugar de trabajo".

CAPÍTULO 1

Este comportamiento observable se explica por los valores personales, especialmente de los líderes, y la cultura corporativa predominante. Los valores básicos responden a creencias conectadas a emociones, que son de alguna manera avalados por una mayoría suficiente, que considera como "verdades objetivas y convenientes" determinadas actuaciones.

No es un asunto secundario el tema de los valores y la cultura en una empresa familiar. De hecho, no hay manera de entender el comportamiento, las expectativas y los conflictos humanos sin esas variables abstractas que dirigen la acción humana, trascendiendo situaciones y otorgando a los colaboradores estándares de comportamiento que ordenan la conducta de los miembros de la familia y de la empresa, dos sistemas que presentan algunas características únicas:

Cuadro 7: *Características únicas del sistema famiiar y sistema empresarial.*

SISTEMA FAMILIAR	SISTEMA EMPRESARIAL
• De base emocional	• De base laboral
• Conducta subconsciente	• Conducta consciente
• Introversión	• Extraversión
• Minimización del cambio	• Aprovechamiento del cambio

Fuente: Elaboración propia.

Cuando iniciamos el proceso de elaboración de un Protocolo Familiar y nos sentamos a trabajar con todos los miembros de la familia empresaria, solemos tener una primera reunión con todos juntos sin excepción. Aprovechamos para preguntar a cada uno de ellos cuáles han sido las razones de éxito de quienes iniciaron la empresa familiar. Es una manera de arrancar el proceso de modo apreciativo, como dijimos páginas anteriores, desde el respeto, el aprecio y la valoración.

Es una pregunta fundamental, que todos y todas deben responder con atención y esmero: ¿Qué cosas han hecho posible el éxito de la empresa familiar? Les dejamos pensando mientras aprovechamos para saborear un delicioso café endulzado con Stevia, una planta rebaudiana de numerosos beneficios.

Después de dejar un tiempo para que los participantes piensen en una respuesta, damos la palabra a todos los presentes, sin excepciones de rol o edad. Sorprendentemente, las intervenciones suelen ser muy variadas y luminosas.

Para unos, el éxito de la empresa se debe al espíritu emprendedor de los fundadores; para otros, en la seriedad, laboriosidad y constancia de la familia empresaria; también se suele destacar la intuición y valentía de los líderes, para saber asumir riesgos en el momento adecuado; además, no pocas veces se subraya la capacidad para ver oportunidades donde los demás sólo ven dificultades, junto a un grupo de colaboradores que, con un grado de compromiso y lealtad fuera de lo común, confían en la visión y se entregan a ella. Curiosamente, rara vez, entre nuestros clientes, alguien se ha referido a la capacidad económica de los antepasados, que, por lo general, ha brillado por su ausencia.

CAPÍTULO 1

Si observamos con atención las respuestas más comunes que nuestros clientes han dado a la pregunta sobre las causas del éxito de la empresa familiar, veremos que, en resumen, todos y todas tienen algo en común: se refieren a valores. En esa primera sesión de trabajo mencionada, al inicio del proceso de elaboración de un Protocolo, los familiares toman conciencia de lo que realmente fue importante para iniciar y hacer crecer la empresa: los valores, los principios y la cultura, ese modo habitual de pensar, sentir y reaccionar ante las situaciones -a veces problemáticas- que debe enfrentar y resolver todo negocio y toda aventura familiar.

Es bastante frecuente escuchar frases como esta: "Aquí las cosas las hacemos así". Es un modo muy claro de expresar la cultura propia, es decir, el modo de vida y el conjunto de costumbres que forman parte de la identidad de un grupo social.

Evidentemente, la cultura no nace de modo espontáneo o, como las setas, después de una noche lluviosa, si se dan las condiciones de tierra, humedad y temperatura del suelo y ambiente. Por el contrario, la cultura es fruto de mucho esfuerzo acumulado y de haber aprendido de los ensayos realizados, de los errores y aciertos cometidos. La experiencia, junto a la conciencia colectiva, genera cultura.

Recordamos en estos momentos a un cliente de la región española de La Rioja, famosa por sus excelentes vinos, buena gastronomía y pueblos de enorme interés histórico. Su fundador era un hombre al que le gustaba ejercer la autoridad, sin miedo a tomar decisiones de riesgo, muy orientado a los objetivos del negocio y con un espíritu competitivo del que carecían sus tres hijos.

La primera vez que fuimos a su oficina, el fundador nos hizo observar, tanto en el despacho como en la sala de juntas, la presencia de objetos que ilustraban distinciones al esfuerzo, al éxito y a las aportaciones especiales que la empresa y su persona habían hecho a la sociedad. "Todo esto forma parte de la cultura de la familia empresaria y de la empresa", nos dijo. No le faltaba razón. La historia hecha consciente, valorada e interiorizada, es cultura. Por eso alguien dijo: "La cultura es lo que nos queda después de haber olvidado lo que estudiamos o aprendimos".

No pocas veces hemos escuchado la frase "Para esta empresa, las personas son lo primero". También, en el contexto de las empresas familiares, es común oír "Cualquier falta contra la unidad es grave". Este tipo de aseveraciones son manifestaciones de cultura.

Con razón el diccionario de la R.A.E. afirma que la cultura es el resultado de cultivar los conocimientos humanos. Las familias empresarias deben tomar conciencia del conocimiento que las guía, observar sus resultados y hacer ajustes, si fuera el caso. El fracaso no es fracaso, si sacamos algún aprendizaje de él. Invitamos a nuestros clientes a que aprendan de sus errores y este aprendizaje lo socialicen con humildad para que pueda ser incorporado a la cultura de la empresa y de la familia empresaria.

(José Álamo)

CAPÍTULO 1

Cuando dirigía la operación regional de un banco en España, un día me invitó a comer un cliente del sector de la construcción. Era algo conocido en la ciudad y en el sector que este empresario estaba pasando por dificultades serias. Para mi sorpresa, en un momento de la comida, el empresario hizo a un lado su plato y los cubiertos y extendió sobre la mesa un documento de dos hojas: era la relación de todos sus bienes. Después de enumerarlos, dijo: "Mientras tenga bienes, mi mujer, mis hijos y yo tenemos el firme propósito de no dejar a nadie en la estacada". Con esta frase, el empresario estaba señalando por qué parámetros discurría su cultura y la parte más importante de ésta: sus principios y valores.

En algunos ambientes, se habla mucho de valores, pero a veces no tenemos muy claro lo que se entiende por valor. David Isaac afirma: "El valor es un bien, aprehendido como tal". Es decir, lo que yo percibo como un bien, lo hago propio, lo internalizo y me identifico con él: esto es un valor para mí.

Ante situaciones desagradables o lamentables, muchas veces leemos, oímos y decimos que se han perdido los valores. En realidad, para ser precisos, lo que queremos decir es que se han sustituido valores contrastados, y que eran percibidos como beneficiosos, por otros que son interpretados como perjudiciales.

En una empresa familiar, es fundamental conocer los valores de los líderes claves. Es un trabajo arduo pero necesario el de alinear los valores y los principios a la Regla de Oro de la Ética: "Haz a los demás lo que quieras que hagan contigo". Si tratamos a los demás de esta manera, veremos que pocos valores más necesitaremos.

Albert Einstein dijo: "Intenta no volverte un hombre de éxito sino volverte un hombre de valor". Uno de nuestros clientes hizo suya esta recomendación y en una ocasión nos dijo: "Intentaré no ser un hombre de éxito sino un hombre de valores y principios que generen valor en la sociedad, en mi empresa y en mi mundo".

En Paraguay colaboramos con un empresario importante, admirado por su creatividad, iniciativa y capacidad de trabajo. Una de sus frases favoritas, que solía definir rumbos y marcaba pautas de decisión era ésta: "Actuar éticamente es siempre rentable". Apoyamos incondicionalmente este modo de actuar porque estamos convencidos de que es verdad que la ética es siempre un buen negocio, si la mirada está en el largo plazo, es decir, si somos estratégicos. También lo dijo Michael Porter, a raíz de su propuesta de creación de valor compartido y sus implicaciones en la responsabilidad social: "Lo que es bueno para la sociedad, es bueno para los negocios".

En algunos casos, hemos recomendado a las familias empresarias un encuentro familiar especial para afrontar de manera asertiva una reflexión profunda sobre los principios y valores que guían la vida de la familia y de la empresa. Todo tiempo dedicado a pensar en los principios de acción, en los valores que hoy guían nuestras decisiones, así como también en aquellos que deberían guiarlas, es un tiempo bien invertido, un espacio que con frecuencia lleva a mejores decisiones y mejora la convivencia.

Una viñeta de Quino sitúa a Mafalda sola en uno de sus tradicionales pensamientos: "Tenemos hombres de principios, lástima que nunca los dejen pasar del principio". Los principios necesitan estar alineados con los valores y ser consistentes con la cultura, ya sea familiar o empresarial.

CAPÍTULO 1

En una empresa familiar, la unidad es uno de los puntos más cruciales a la hora de lograr el éxito de la sucesión. Se trata, en definitiva, de un reto de principios y de valores. Para un cliente nuestro, que vislumbrada en su empresa una sucesión complicada, la unidad era un asunto no negociable: "Siento verdadera alergia a las faltas o problemas de unidad. Restaurar ésta se convierte para mi en una prioridad". No le faltaba razón. A diferencia de nuestro cliente, a veces, algunos empresarios se dan cuenta demasiado tarde de que no afrontar los problemas de unidad, y concentrar los esfuerzos en otros asuntos más urgentes del negocio, es un error. La unidad es el fundamento de la continuidad de una empresa familiar.

Llegar juntos es el principio, mantenerse juntos es el progreso, trabajar juntos es el éxito.

Más del 50% de las empresas y negocios familiares desaparecen por problemas de unidad en los familiares implicados. Es decir, la desunión y los conflictos de las familias empresarias causan más estragos que las crisis y el resto de los problemas propios de cualquier emprendimiento, ya sean financieros, impositivos, legales, productivos, logísticos, comerciales, etcétera. En definitiva, importa mucho tener una cultura, unas tradiciones en la familia y en la empresa, y sobre todo unos principios y valores firmes, que nos distingan de los demás y que sean "marca de la casa".

Idea 14:
Las trampas específicas
de la empresa familiar

Miguel Ángel Gallo hace un resumen sumamente útil sobre los problemas específicos de las empresas familiares. El los llama trampas y se refiere con este término a esos peligros graves en los que suele caer una empresa familiar sin apenas darse cuenta. La idea que queremos compartir con este apartado es que estas trampas son muy comunes, se presentan de manera borrosa, escondida, casi de manera imperceptible y ponen en peligro el futuro del negocio familiar.

En los bosques donde hay cepos para cazar animales que ponen en peligro algún protagonista del ecosistema, no es raro que haya accidentes. A veces hemos leído en los periódicos que alguna persona ha caído en una de esas trampas puestas para esos animales salvajes, a pesar de que esos bosques suelen contar con señalizaciones que advierten del peligro. ¿Por qué se producen estos accidentes? Por varios motivos: porque los cepos están escondidos, porque no se ven bien, por ejemplo, si el caminante está en mitad de la noche o si hace la travesía distraído y sin prestar mucha atención. Algo parecido les sucede a los empresarios familiares.

Queremos advertir aquí de lo siguiente: si no estamos atentos, también a nosotros nos puede suceder. ¡Es necesario estar vigilantes, observar, estar alerta! A esto ayudan las buenas prácticas de gobierno corporativo y de control interno, con consejeros, asesores y auditores independientes. Seamos cuidadosos con el negocio familiar porque,

CAPÍTULO 1

de lo contrario, caeremos en una trampa. Si esto ocurre, basta con ver cómo queda la pata de un oso o un lobo descuidados.

El Profesor Gallo habla de cinco trampas principales:

1ª) Confundir la propiedad con la capacidad para dirigir;

2ª) Confundir los lazos afectivos con los contratos;

3ª) No seguir las leyes del mercado;

4ª) Retrasar la sucesión;

5ª) Creerse inmunizado: ¡A mí me van a contar! Nadie mejor que yo conoce mi situación y la de mi empresa. A mí no me afecta todo lo anterior. ¡Tenemos carne de cañón a la vista!

En nuestro criterio, recomendamos a las empresas familiares considerar una sexta trampa: ¡No dar prioridad a la profesionalización de la gestión! La empresa y la familia, por el propio dinamismo de la vida, cambian y, en circunstancias normales, crecen. Este crecimiento obliga a que la gestión del cambio sea un elemento estratégico que incluye y compromete los estándares de calidad en la gestión.

En distintos países de Latinoamérica, hemos sido testigos del actuar de muchos empresarios que han pensado serenamente sobre cada una de las trampas. Por lo general, han llegado a la conclusión de que, a pesar de su genialidad, son la expresión del sentido común. "La inteligencia y el sentido común se abren paso con pocos artificios", decía Goethe. Lástima que algunas empresas lo hayan entendido demasiado tarde porque su olvido nos juega malas pasadas de consecuencias irreversibles.

A continuación, hacemos un breve comentario sobre cada una de las citadas trampas:

Cuadro 8: *Características únicas del sistema famiiar y sistema empresarial.*

TRAMPAS	EXPLICACIÓN
Confundir la propiedad con la capacidad de dirigir	Significa pensar que por el hecho de ser propietario ya se sabe dirigir. Y no es así. La propiedad puede comprarse. Basta con tener crédito o dinero, mientras que la capacidad de dirigir es fruto del talento y de los conocimientos y destreza adquiridos.
Confundir los lazos afectivos y los contratos	Los lazos afectivos son una razón para sentirse más responsable con la empresa y no camino hacia la comodidad y el mal ejemplo. El lazo afectivo sería como un plus de exigencia, si se compara con quienes sólo se sienten unidos a la empresa por un vínculo contractual.
No seguir las leyes del mercado	Existe sensibilidad para adaptarse al mercado en todo lo que se refiere a proveedores y deudores. Sin embargo, suele producirse un olvido del mercado cuando se trata de retribuir o exigir a los familiares implicados en la empresa o negocio familiar. Además del mal ejemplo y desmotivación que esto ocasiona en los empleados no familiares, pone a la empresa en el camino de ser expulsada del mercado.
Retrasar la sucesión	Una pregunta obligada a los empresarios que acudían por el despacho era: ¿Cuándo piensas traspasar el mando a tus hijos? Unos respondían que lo deseaban, pero que su hijo/a aún no estaban preparados; otros se sorprendían por la pregunta, señal clara de que nunca pensaban dejar el poder. ¡Tremendo error! y con unos costos que pueden llegar hasta la desaparición de la empresa.
Creerse inmunizado	Quien lidera una empresa es posiblemente la persona que más sabe de la misma. Es normal desarrollar un sentido de superioridad. De ahí a sentirse por encima del bien y del mal y no escuchar con humildad a los colaboradores va un abismo. Asesorar a este tipo de personas es la experiencia más difícil que un consultor se puede encontrar. A la vez absolutamente necesaria.
No dar prioridad a la profesionalización de la gestión	Esto es válido incluso en situaciones de éxito. En este campo a la empresa familiar le queda por realizar un largo recorrido.

Fuente: Elaboración propia.

CAPÍTULO 1

Nuestra experiencia nos dice que es tan difícil como saludable ceder el poder a tiempo en una persona idónea. En este punto crucial de las empresas familiares, se ve que Voltaire tenía razón cuando afirmó: "El sentido común no es nada común". En verdad, la situación ideal sería ceder el poder cuando quien lo cede todavía está en buena forma. Si el líder espera a estar agotado o desfasado, lo que está poniendo en manos de su sucesor será un problema y no un buen negocio.

A esto habría que añadir la frustración de los sucesores y las tensiones familiares que suelen incrementarse cuando se retrasa la sucesión. Este es el gran drama de muchas instituciones o empresas, cuyos líderes se eternizan en el poder, incluso cuando objetivamente tienen impedimentos o incapacidades graves.

> *Para triunfar es necesario, más que nada, tener sentido común.*
>
> (Napoleón)

En efecto, hemos observado en más de una ocasión a líderes empresariales que durante mucho tiempo son el motor del éxito de la organización pero que no saben retirarse a tiempo y dejar el testigo en las mejores manos. No pocas veces, de hecho, prefieren endosar el poder en una persona leal, antes que en una persona idónea que piensa diferente a ellos.

De esta manera, los líderes, que fueron la causa principal de los mayores éxitos, se pueden convertir en el mayor problema de la empresa, no sólo en términos de eficacia y eficiencia en la gestión, sino sobre todo por las heridas afectivas y emocionales que suelen producirse, a veces irreparables, cuando se retrasa de manera injusta la sucesión. Queremos invitar desde aquí, a todos los líderes que tienen este libro entre sus manos, a que desarrollen la sabiduría del "momento justo", en el que se descubre que la mejor manera de servir a la visión y misión de la empresa es ceder el testigo, como hacen los atletas en las carreras de relevos.

Alcanzar esta sabiduría no es fácil y requiere de humildad y entrenamiento, de vencer poco a poco al ego y desarrollar el hábito de ceder en lo pequeño porque es todo un arte tener el criterio de cuándo ceder en lo trivial para ganar un bien mayor: "El secreto de la sabiduría, del poder y del conocimiento es la humildad", dijo Hemingway.

Un último tema queremos comentar antes de cerrar este apartado a cerca de las trampas de la empresa familiar. Cuando nos han invitado a hablar de innovación en la empresa familiar, solemos enmarcar este mega-reto dentro de lo que podemos llamar "profesionalización de la empresa familiar". No es un concepto que guste escuchar a una familia empresaria, y en general a ningún empresario, pues suele ser interpretarlo como una crítica a la calidad de su gestión, que implícitamente podría suponerse "poco profesional". No es esto, en ningún caso, lo que queremos decir aquí.

Cuando hablamos de profesionalización, nos referimos al desafío que tiene la familia, la propiedad y la empresa por crecer no sólo en tamaño o en ventas o en empleados o en clientes o en mercado o en rentabilidad sino sobre todo en competitividad. Buscar mayores niveles de competitividad implica generalmente algún cambio y encontrar alguna innovación exitosa y sostenible.

Lograr profesionalizar este proceso de búsqueda, desarrollo, implementación y rentabilidad, es vital para las empresas familiares, especialmente para aquellas que actúan en entornos muy competidos y con bajas barreras de entrada. No hay que tenerle miedo a este reto, aunque al inicio se pueda percibir que no contamos con el tiempo, la motivación y los recursos necesarios para hacerlo. Los obstáculos existen, sin duda, y falta un largo camino por recorrer. Pero vale la pena intentarlo: está en juego el futuro no sólo de la empresa sino de la familia actual y futura.

Concluimos citando la exposición que hizo en Lima el profesor Gonzalo Gómez Betancourt en marzo de 2.017. En un evento que tuvo lugar en el Hotel Marriott, con el título de "Entendiendo las trampas comunes de las empresas familiares latinoamericanas y estrategias para evitarlas", el Profesor señaló nueve comportamientos que hay que sortear y esquivar, a veces con ayuda de profesionales externos:

Trampas comunes de la empresa familiar (Gómez B.)

- La arrogancia del éxito: primera generación
- Pérdida de valores y principios: relevo generacional
- Ausencia de órganos de gobierno corporativo
- Desconocer el verdadero sentido de la sucesión
- Ausencia de estrategias explícitas
- Falta de entendimiento familiar ante situaciones riesgosas
- Creer que la sola propiedad da derecho a dirigir
- Ausencia de estructuras organizativas
- Ejecutar malas prácticas empresariales

Los autores no pueden estar más de acuerdo con Gómez Betancourt. Las empresas familiares tienen más propensión a caer en alguno de estos comportamientos cuando no logran integrar adecuadamente el sistema familiar, por un lado, que es básicamente emocional y afectivo por el tipo de vínculo que tienen sus miembros, y, por otro, el sistema empresarial, que se basa en la realización de una estrategia concretada en una serie de tareas, procesos y relaciones contractuales. En algunos casos, las empresas familiares necesitarán de una ayuda externa, profesional, con el fin de que los dos sistemas funcionen de manera armónica, productiva y sostenible.

Idea 15:
Las estructuras deben evolucionar

Aquí queremos llamar la atención sobre un punto esencial: "Tu empresa familiar no puede seguir siendo un ser invertebrado", decimos a nuestros clientes. Veamos en detalle a qué nos referimos con esta idea.

Por un lado, deseamos recordar algo básico pero que a veces no se logra gestionar bien: la estructura de la empresa familiar ha de cambiar cuando lo hacen su tamaño y complejidad. Las cosas, por naturaleza, evolucionan y necesitan adaptar su estructura a la realidad de cada momento, y no al pasado, a una situación que ya no es, ni a un futuro que no existe y que sólo es un deseo.

CAPÍTULO 1

A este respecto, es sumamente expresiva la imagen que Peter Drucker utiliza para explicar la evolución de la estructura de una empresa. En la naturaleza existen animales con una estructura invertebrada, que les permite soportar hasta ciertos niveles de peso y tamaño. Cuando se superan estas cotas, la estructura pasa a ser vertebrada. Ello permite, desde el hombre al elefante, movilizar mucho más peso y tamaño y desenvolverse perfectamente en la realidad que por su naturaleza debe enfrentar. La razón de esto radica en que cada vértebra soporta una parte del peso total y, unida a las demás, dinamiza todo el organismo. El esqueleto, el armazón y la armadura del animal debe ser consistente con su envergadura, altura y volumen.

Algo similar ocurre en las organizaciones. Cuando éstas adquieren cierto tamaño y complejidad, es necesario un cambio de configuración del sistema empresarial o familiar, que implicará seguramente una variación de la cultura directiva fruto de la asunción de nuevas prácticas y procedimientos.

En efecto, las organizaciones familiares se juegan mucho en la construcción de su estructura, y, en consecuencia, deben gestionar con acierto la evolución natural, que pasará de un estado caracterizado por una dirección centralizada (invertebrada) a una dirección participativa (vertebrada). ¿Cómo se logra esta metamorfosis? Fundamentalmente, con un plan donde no caben los egos desorbitados.

El cambio se logra cuando cambiamos el paradigma del ego que nos dice que "sólo nosotros podemos gestionar la empresa y hacerla exitosa" a un paradigma centrado en el servicio, ya no en la competencia, sino en el legado. El empresario, por muy exitoso que sea, no deja de ser un ser humano común, que, al igual que los demás, nació un día y abandonará este mundo en algún momento. Llega un momento en la vida en el que la gran decisión se reduce a la calidad de la herencia que dejamos, que no sólo puede ser material. El paradigma del legado es "servir, dar servicio, ser útiles" a la familia, a nuestros colaboradores, a nuestro prójimo, esto es, las personas que la vida nos ha puesto más cerca. Por este motivo, a veces decimos a los fundadores que ellos son como embajadores, como delegados especiales, que representan a un "líder superior", quien nos invita a dar lo mejor con nuestras vidas y, durante el tiempo que tengamos la fortuna de vivir, sembrar un legado, una herencia memorable, digna de ser contada. Para nosotros, la vida de un fundador o fundadora, al igual que la de unos padres, tiene que ser un acto de donación, de servicio, de responsabilidad.

¿Cómo se logra ser una empresa familiar vertebrada? En la práctica, es esencial la delegación de autoridad y de funciones, de acuerdo a la confianza que merezcan los colaboradores por los resultados obtenidos y el desempeño profesional demostrado. La delegación tiene que ser efectiva, no irresponsable, y para ello debe analizarse y comunicarse correctamente qué se delega, a quién, con qué expectativas, no solo de resultados sino a veces incluso de procedimiento, y, por último, aclarando también cómo se va a medir la actuación del delegado. Con frecuencia la delegación falla, no por una cuestión de talento o motivación, sino por una deficiente comunicación de las expectativas.

Aunque el tema de la delegación es decisivo en una empresa, excede el objetivo de este libro. Sin embargo, aquí pensamos que debemos prevenir al empresario sobre un riesgo importante: todo líder que quiera trascender ha de formarse y preparar a sus colaboradores para la asunción de nuevas y más exigentes responsabilidades. No tener en cuenta lo anterior, casi siempre, equivale a frenar el propio potencial de liderazgo, bloquear el desarrollo de nuestra empresa y abocarla a un raquitismo inexorable, ya que todas las "vertebras" de una empresa deben estar bien desarrolladas, no sólo las que se refieren a uno.

Para realizar el cambio de una empresa invertebrada a una vertebrada, necesitamos estar convencidos de la conveniencia de la transformación. Si nuestro convencimiento es firme, el miedo al cambio se puede superar. Los primeros convencidos e implicados en la transformación han de ser todos los que forman el vértice de la organización; es decir, la familia empresaria, especialmente su líder, y también la alta dirección: aquí suele aparecer el problema.

En efecto, a veces nos encontramos con empresarios que reconocen teóricamente la necesidad del cambio, pero no encuentran el momento oportuno para realizarlo. Otros, con notable sinceridad, admiten que no están dispuestos a crear más "vertebras" ni a compartir un poder al que están acostumbrados desde hace tantos años, en especial, si la empresa es exitosa. "¿Para qué cambiar, si así nos va bien?", afirman.

Un tercer grupo de empresarios se caracterizan por ver con cierta resistencia a los hijos, convencidos de que no están preparados para asumir mayores responsabilidades. "No puedo delegar en mis hijos, porque no confío en ellos", hemos llegado a escuchar no pocas veces.

De hecho, a veces los hijos no ponen las cosas fáciles para la delegación, puesto que tienen comportamientos o realizan afirmaciones que no ayudan a generar confianza y dar seguridad a los padres que realmente desean poder delegar. Por ejemplo, hemos conversado con hijos de empresarios familiares que manifiestan rotundamente que no desean continuar con el negocio familiar, aduciendo una razón no siempre explicitada a sus padres: "No quiero continuar los sacrificios realizados por mis padres: ¡sería desperdiciar mi vida!", nos han dicho.

Es cierto que en algunos casos pueden llevar razón: la motivación legítima de llevar a cabo una empresa familiar no debe implicar el descuido grave de las otras áreas de la vida que no son el trabajo. Siempre decimos a los empresarios familiares: la mejor manera de garantizar que tu hijo quiera continuar tu legado es que te vea muy feliz en la empresa. Por evidente que pueda parecer, queremos pedir al lector que vuelva a leer la frase anterior, con el fin de caer en la cuenta de que la recomendación tiene una parte fundamental: "Que te vea".

En efecto, los hijos necesitan "ver" a sus padres, tocar su realidad, lo que en Invivus nos gusta llamar "touching", tocar el alma, el corazón, la mente, con una palabra adecuada que nuestro familiar necesita escuchar; con una mirada de confianza y sincero afecto; con un abrazo sentido en el que expresamos sentimientos que muchas veces no son fáciles de verbalizar. Los fundadores, los padres de familias empresarias, necesitan más touching y menos teaching con los hijos, esto es, compartir diferentes escenarios y momentos de calidad en los que se crea el contexto ideal para la confidencia, donde no cabe la actitud de superioridad del profesor que tiene que enseñar algo al alumno. Por el contrario, se trata de "tocar al prójimo en lo más profundo", a través de preguntas, experiencias y consejos, que, cuando son fruto del paradigma del servicio, llenan el alma del otro, lo inspiran y, por lo general, lo llevan a un compromiso mayor con la familia y la empresa. Esto que decimos tiene una enorme

---

trascendencia ya que el compromiso, cuando está guiado por una emoción positiva, se traduce en acciones productivas.

En la mayoría de los casos que conocemos, no suele dar buenos resultados llevar a la mesa del hogar -comidas y cenas- los problemas con que uno se enfrenta en el trabajo. Ordenar la "casa" implica tener ámbitos de diálogo diferentes para los temas propios del sistema empresarial y para los del sistema familiar, que deben estar claramente separados. Como es lógico, es recomendable que esto se afronte cuando se elabora un Protocolo. En todo caso, lo que aconsejamos no siempre es posible de llevar a cabo y, al ser conscientes de ello, intentamos que nuestros clientes, a través de talleres de formación y entrenamientos en comunicación asertiva, logren crear un ambiente positivo en esas reuniones familiares donde a veces, de manera inevitable y casi sin querer, se hablan de temas profesionales.

Es importante desarrollar esta cultura de comunicación apreciativa porque es más efectivo contar los logros y las alegrías de superar dificultades juntos. La familia empresaria se juega una buena parte de su calidad de vida, no sólo en los éxitos del negocio -ojalá llegando a ellos de manera equilibrada y saludable- sino sobre todo en la cultura de comunicación que consigue desarrollar en sus miembros.

Por otra parte, es impensable que el empresario del siglo XXI pueda dirigir una empresa y hacerla crecer de manera exitosa en solitario. En efecto, las empresas familiares que superan cierto tamaño y no quieran acompañar a la tumba a su fundador, han de plantearse la existencia y funcionamiento profesional de dos "vertebras" fundamentales: el Consejo de Administración y el Comité de Dirección. Veamos a continuación en qué consisten.

La premisa que manejamos es que toda empresa familiar que crece en tamaño y volumen de negocio y, por consiguiente, en responsabilidad y riesgo, necesita tomarse en serio el gobierno de la organización. De un modo muy simple, llamamos gobierno a toda actividad cuya finalidad directa es la supervivencia de la empresa a largo plazo, mientras que la dirección incluiría todas las actividades del día a día de la empresa.

El gobierno es desempeñado por el Consejo de Administración o administrador único, y la dirección por un Gerente, acompañado o no por un Comité de Dirección. A veces, suele producirse un solapamiento entre las dos funciones y tanto Gobierno como Dirección son desempeñadas por las mismas personas. Normalmente, no es raro que esto se dé en las primeras etapas de una empresa familiar.

Por otra parte, es impensable que el empresario del siglo XXI pueda dirigir una empresa y hacerla crecer de manera exitosa en solitario. En efecto, las empresas familiares que superan cierto tamaño y no quieran acompañar a la tumba a su fundador, han de plantearse la existencia y funcionamiento profesional de dos "vertebras" fundamentales: el Consejo de Administración y el Comité de Dirección. Veamos a continuación en qué consisten.

Funciones del Consejo de Administración o Administrador Único

En adelante, nos referiremos sólo al Consejo de Administración, a sabiendas de que en muchas empresas las funciones de Gobierno son realizadas por una sola persona, el Administrador Único. Las principales funciones de Gobierno son las siguientes:

Cuadro 9: *Funciones de Gobierno.*

FUNCIONES	ROL
Misión y objetivos a largo plazo	¿Qué empresa queremos dentro de 5, 10, 15 años? ¿Qué objetivos nos marcamos para esas fechas con el fin de no apartarnos del camino?
Decisión sobre inversiones	Toda inversión, especialmente en activos fijos, compromete directamente la liquidez y el futuro de la empresa y corresponde tomarla al Consejo de Administración.
Definición de presupuestos de actividad y capital	Los presupuestos marcarán el camino que seguirá la Dirección en la actividad del día a día.
Definir el organigrama	Será el Consejo de Administración, quien defina si se quiere un organigrama muy vertical y jerárquico, o bien uno plano con muy poca burocracia.
Evaluar las ventajas competitivas de las empresas	Nunca se ha de perder de vista la posición de la empresa en relación con su competencia.
Control y evaluación de las acciones ejecutivas	El Consejo de Administración no puede renunciar a la evaluación y control de las actividades directivas. Por ello, la Auditoría interna y externa de la empresa ha de reportar al referido Consejo.

Fuente: Elaboración propia.

Cada empresa debe analizar dónde se está dando el solapamiento entre las funciones del Gobierno y la acción de la Dirección. A veces, será en la definición del organigrama, otras en la evaluación de las ventajas competitivas o incluso en la evaluación de los ejecutivos claves de la organización. Evidentemente, en muchas empresas familiares, bien por razones de tamaño o bien por su juventud, el solapamiento puede llegar a ser total.

Cada vez se tiene más conciencia de la necesidad de formarse para ser un buen directivo. Sin embargo, muy poca gente siente la necesidad de prepararse ser un buen miembro del Consejo de Administración, cuando la función de éste es de suma importancia. Esta realidad está cambiando y, con el tiempo, los Consejos estarán conformados por personas con excelente formación para el rol que deben desempeñar.

Con razón los consultores de empresas familiares recomiendan a sus fundadores y líderes formar a sus hijos e hijas en la trascendental responsabilidad que implica ser miembro de un Consejo. Esta formación incluye el entrenamiento en habilidades diferentes a las de un directivo. De hecho, como afirma Felipe Prosper, maestro y amigo, "un buen consejero no tiene por qué ser siempre un buen directivo".

Consejeros independientes

Se llaman así a aquellos consejeros externos a la familia que pueden ser de gran ayuda para la evolución de la empresa familiar. ¿Cuándo plantearse la posibilidad de tener un consejero independiente? En general, se recomienda esta adquisición cuando la empresa adquiere un volumen, dimensión, responsabilidad y riesgo importantes. Además, se aconseja también contar con consejeros independientes cuando la organización ha llegado a la tercera generación con el capital bastante diluido. Mientras tanto, lo normal es que la empresa pueda responder a los retos de crecimiento simplemente acudiendo a asesores puntuales.

CAPÍTULO 1

Un hecho que es importante cuidar con atención, es más, nos atrevemos a decir que con escrúpulo sin aceptar "descuentos", "rebajas", "gangas" o excepciones: se trata de que el consejero independiente sea realmente in-de-pen-dien-te, esto es, con todas las letras.

Para que los consejeros independientes realmente lo sean, se recomienda un análisis detallado de la hoja de vida del candidato, que cumple con algunos criterios que son de sentido común, como es la no existencia de conflicto de intereses o que la retribución que reciben por su trabajo de consejero no supere el 30% de los ingresos totales del consejero, por poner dos ejemplos. Si fuera de otro modo, la independencia de criterio quedaría significativamente mermada.

Siguiendo al profesor Miguel Ángel Gallo, las cualidades personales que más suelen valorarse en un Consejero Independiente son:

- Sinceridad y valentía en las opiniones que manifieste;
- Que sean discretos y mantengan confidencialidad sobre los temas referentes a la empresa y a la familia;
- Que sepan escuchar a todos, aunque no apoyen su posición;
- Disponibilidad para tutelar a algunos miembros de la familia;
- Mantenerse imparcial y, si es posible, al margen en las discusiones familiares.

En cuanto a los aportes que un consejero independiente debe dar, destacamos los siguientes:

Funciones de la Dirección

Es posible que la Dirección esté muy centralizada y sea ejercida por una sola persona, el fundador o el líder director-gerente. Sin embargo, lo normal es que se de participación en la misma a otros directivos de un modo informal o bien de manera institucionalizada mediante la creación de un Comité de Dirección.

Cualquiera de los anteriores modos de dirigir, pueden ser válidos en un momento dado, teniendo presentes las circunstancias concretas de la empresa familiar. En todo caso, es importante tener en cuenta que las empresas familiares, por lo general, mejoran su gobierno cuando cuentan con un Comité que de manera efectiva realiza las siguientes funciones:

- Hacer de correa de transmisión de la misión de la empresa y de las decisiones de Gobierno con el objeto de que todos se ilusionen y comprometan con la empresa.

- Organizar la actividad del día a día de la empresa, adecuando tareas y personas de modo que éstas estén motivadas y se logre de modo simultáneo que la empresa obtenga resultados, haga las cosas bien y garantice su continuidad.

El Comité de Dirección

Es el órgano por excelencia de la decisión colegiada en la que participan los directivos más relevantes en el día a día de la empresa. La decisión colegiada puede resultar cara y lenta al participar varias personas en una misma decisión, salvo que se establezcan y se cumplan unas claras reglas de funcionamiento.

CAPÍTULO 1

En el Comité se puede participar de dos modos: como proponentes o también llamados presentadores; éstos deben estar

> - Tutela del equipo de Directivos: determinar si los familiares son capaces o no para ocupar los cargos por los que optan;
> - Experiencia contrastada en aquellos campos de la actividad de la empresa familiar en que ésta necesite más ayuda;
> - Objetividad e independencia de perspectiva respecto a la familia;
> - Profesionalidad, objetividad, neutralidad y aporte a la estrategia;
> - Visión global de la empresa;
> - Freno a interferencias familiares;
> - Ayudan a que en los consejos de administración se toquen temas de la empresa y no de la familia;
> - Posibles mediadores entre ramas familiares.

bien documentados sobre los temas a tratar. Un segundo rol en los comités de dirección es el decisor. Lo normal es que el proponente/presentador sea también decisor.

Para decidir bien se requieren dos condiciones: conocer el tema sobre el que se decide y tener criterio. De ahí que se necesite que los proponentes estudien muy a fondo su propuesta y que envíen información breve, suficiente y con la anticipación necesaria a quienes han de decidir. Este último punto suele ser crucial puesto que conocemos bastantes casos de comités de dirección que "fallan" en sus objetivos por no contar -todos sus integrantes- con información pertinente a tiempo.

La finalidad del Comité de Dirección es tomar decisiones. Por tanto, su actividad normal no será la de estudiar los temas. Al Comité no se va a analizar sino a proponer y discutir la mejor decisión. Es decir, los temas que forman parte de la agenda, y que han sido previstos, han de ser examinados, estudiados y profundizados con anterioridad. Como es lógico, no hay problema en que se aproveche el Comité de Dirección para realizar cuantas aclaraciones se estimen oportunas. En consecuencia, este comité hay que entenderlo como un equipo de alta efectividad, en el que los miembros participan en la decisión, se implican en lo que se ha decidido y responden por ello.

Merece la pena no olvidar que el Comité de Dirección está formado por personas y éstas tienen distintas ideas y formas de ver el mundo y los negocios. Este hecho, lejos de ser un problema, es fuente de alta efectividad, si se aprende a valorar las diferencias. Las debilidades de unos se apoyan en los puntos fuertes de otros; y la suma de potencialidades puede ser realmente extraordinaria. ¿Es muy teórico? No es tan así. Veamos un ejemplo sacado del mundo del deporte, concretamente de la selección francesa Campeona del Mundo el pasado 2018 al vencer a Croacia en la final. Su entrenador, Didier Deschamps, hizo un gran trabajo de integración de talentos muy diversos y personalidades muy diferentes: Olivier Giroud, Antoine Griezmann, Dimitri Payet, Raphäel Varanne, Samuel Umtiti, Paul Pogba, Kylian Mbappé, llamado a ser el mejor jugador del mundo.

En sus intervenciones, el entrenador Deschamps insistía en que la clave para los grandes resultados es jugar como un único equipo. Para ellos, primero se deben valorar las diferencias de talentos y roles, todos importantes, porque no hay equipo que pueda ganar un Mundial si no tiene delantera que marque goles, un centro del campo que haga circular el balón, una buena defensa que impida al rival marcar goles y un portero que ataje los balones que llegan a la portería. Todos contribuyen.

La misma lógica deben tener las empresas. ¡Todas las organizaciones, por muy pequeñas que sean, incluso la familia, han de ser un equipo! Ello hace posible el milagro de que (2+2) sumen más de 4.

Es posible que pueda darse una situación en la que una empresa familiar cuente entre sus filas a un talento excepcional. El reto es cautivarlo, darle espacio y proyección para que pueda desarrollar todo su potencial dentro de la organización. Lo fácil es decirle que tenga una experiencia fuera, quizá en una multinacional. Nuestra opinión es que hay que intentar que los mejores talentos de la familia puedan trabajar en la empresa familiar.

A veces, con ayuda de un asesor externo, experto en estrategia y planes de carrera, puede ser factible organizar todo para que ningún valor familiar tenga que irse, es más, para que crezca profesionalmente y desarrolle todo su potencial, como hizo Didier Deschamps con la selección francesa y uno de sus jugadores: "Para que Griezmann jugara así se requerían ajustes para equilibrar al equipo. Pero él es capaz de adquirir otro registro si es por el bien del equipo".

Nunca podré agradecer suficientemente a quienes me han discutido y manifestado sus posiciones contrarias a las mías. Me han hecho ganar muchísimo dinero y me han ayudado a decidir mejor.

(George Sorós)

En definitiva, si veis que vuestra empresa va adquiriendo tamaño y pierde eficacia en su organización, quizás es que le haya llegado el momento de usar esta formidable herramienta que es el Comité de Dirección.

Puede dar la impresión de que el Comité de Dirección quita poder al líder de la empresa, pero, bien utilizado, ocurre todo lo contrario. El líder manda directamente en lo que de verdad es importante; estos temas pasan por el Comité que él preside, tiene información total de qué se hace y cómo se hace, sin gastar su tiempo en asuntos irrelevantes o secundarios.

Al lector que con perseverancia ha llegado hasta aquí, a través de una lectura atenta, queremos premiar con un regalo: si está interesado en cómo se pone en funcionamiento un comité de dirección, le invitamos a escribir al correo electrónico que aparece en la página web www.invivus.es solicitando el obsequio y recibirá un documento, que ha sido pensado principalmente para las pequeñas y medianas empresas, con la siguiente información:

- 1º) ¿Qué temas se tratan en el Comité de Dirección?
- 2º) ¿Quiénes han de asistir al Comité?
- 3º) Reglas de funcionamiento de un Comité

En una empresa del sector del automóvil, un cliente nos comentó su experiencia personal. Cuando se inició como directivo en una empresa media del mismo sector, le invitaron a formar parte del Comité de Dirección. Era un lugar, en el que, para satisfacción del

CAPÍTULO 1

dueño de la empresa, todos miraban de reojo a éste y le apoyaban ante el menor gesto. Evidentemente nadie aportaba nada especial que pudiera ayudar el crecimiento y a los resultados de la empresa.

Según nos comentó esta persona, ese modo de actuar le desmotivaba. Sus intervenciones procuraban ser sinceras y, honestas con lo que él pensaba, lo que le estaba generando una fama negativa, concretamente, una reputación de persona incómoda, que más que ayudar lo que hacía era estorbar. Como es comprensible, esta situación era aburrida y desagradable, además de estar ocasionando una fastidiosa inseguridad e inestabilidad profesional en nuestro protagonista.

Por su interés, compartimos la narración de los hechos realizada por él: "Decidí retirarme de la empresa, no podía estar en un sitio en el que no confiaban en mí y me veían como un estorbo, un problema. La verdad, salí dolido y vacunado contra el Comité de Dirección, algo que me ha llevado varios años superar. Gracias a otras experiencias profesionales posteriores, reconozco la utilidad que proporciona a una empresa el hecho de que los colaboradores buenos y capaces participen en la toma de decisiones y aporten toda su capacidad. Un líder que quiera cada año que su empresa sea más competitiva, no tendría que querer ni fomentar ni permitir alrededor suyo "coches" trabajando con varios cilindros parados.

El Consejo de Familia

Para que una empresa familiar tenga más probabilidades de tener la "casa" ordenada, aconsejamos contar con un Consejo de Familia. Por lo general, este órgano de gobierno suele ser recomendado en empresas con cierto tamaño y, sobre todo, con un grupo familiar numeroso. En nuestra experiencia, se trata de un órgano necesario, no un capricho.

Las responsabilidades de un Consejo de Familia son, principalmente, preservar y transmitir el legado familiar, decidir sobre temas que afectan a los valores morales de la familia y cuáles de esos valores deben prevalecer, incluso en entornos globales y multiculturales. Además, sobre el Consejo de Familia recae el enorme reto de crear un clima adecuado, apreciativo y proactivo, para la toma de decisiones. De hecho, una vez nos preguntaron, precisamente a raíz de que la empresa familiar contaba con un clima desagradable, con un grupo de colaboradores con mucho tiempo en la organización que hacía la vida imposible a las nuevas incorporaciones, si el Consejo de Familia debía intervenir. Nuestra respuesta fue sí. A veces las empresas familiares requieren un cambio de liderazgo y una decisión de este calibre debe ser tratada, a nuestro parecer, en el Consejo de Familia, que marcará las pautas al Consejo de Administración, para que éste tome las decisiones oportunas.

En otras palabras, también corresponde al Consejo de Familia dar indicaciones al Consejo de Administración sobre el tipo de liderazgo que quiere la familia empresaria, así como también sobre el grado implicación de la familia en la gestión de la empresa, una decisión que tendrá consecuencias, como es lógico, en los planes de carrera y en la formación de los familiares que expresen su voluntad de integrarse a la empresa familiar.

Si la Familia Empresaria ha realizado un buen protocolo familiar, que formalice las relaciones entre la familia y la empresa, el Consejo de Familia será el primer responsable de que se cumpla dicho Protocolo. Ha de velar, por tanto, para que el líder elegido para el seguimiento, la

CAPÍTULO 1

---

implementación y cumplimiento del Protocolo, tenga todo el apoyo necesario para el éxito de su mandato.

Algunos autores, con razón, sostienen que una de las funciones más importantes de un Consejo de Familia es conseguir que exista una armonía real entre la empresa y la vida familiar. En los tiempos actuales, abundan los fracasos familiares, que siempre afectan a la empresa. Prever y adelantarse a éstos ayudará a que se produzcan menos fracasos y que su impacto en la empresa sea menor.

Además, nos gusta otorgar al Consejo de Familia un rol especialmente sensible, como es el manejo de los familiares que se encuentran en proceso de retiro de la empresa familiar. Se trata de una situación que requiere un especial tacto, touching, para saber manejar con criterios empresariales y humanos un momento complejo, sobre todo desde el punto de vista emocional, para muchas personas que, como es lógico después de muchos años de servicio, pueden sentir un apego profundo. Es comprensible que, para alguien cuya existencia profesional ha estado vinculada casi de manera exclusiva a la empresa familiar, el retiro sea un hecho que, por cuanto inevitable y esperado, no deja de ser difícil.

En estos casos, el Consejo de Familia tiene el objetivo indelegable de hacer que el retiro de un líder, que forma parte de la familia empresaria, tenga un impacto positivo tanto para la familia como para la empresa. Sin duda, el Consejo puede decidir que este proceso de outplacement sea realizado con la colaboración de una firma de consultoría especializada, pidiéndole a ella que sus intervenciones sean en el respeto de las buenas prácticas de gobierno corporativo y de los valores de la familia empresaria.

A nuestro parecer, el proceso de retiro de un líder familiar es un "momento de la verdad", es decir, un acontecimiento donde se ponen a prueba no sólo los valores sino las capacidades de los miembros de la familia empresaria, especialmente de los que conforman el Consejo de Familia. Tal retiro, deber ser un motivo de orgullo, donde se produce una completa y sana trasferencia de conocimiento, de funciones y de lealtades con el fin de que la empresa familiar salga fortalecida con el cambio.

CUADRO 10: *Temas para el Consejo de Familia.*

TEMAS QUE SE DEBEN TRATAR EN EL CONSEJO DE FAMILIA

- Educación y preparación de los familiares en su derechos y responsabilidades
- Formación y preparación en el proceso de sucesión: cuándo, cómo y por qué.
- Estrategia y ejecución de las políticas familiares
- Velar para que las políticas sean consistentes con los valores
  Manejo de los conflictos familiares y empresariales que afecten a la unidad familiar
- Ser portavoz único de la familia ante el Consejo de Administración
- Hacer respetar y cumplir, en el caso de que lo hubiere, el Protocolo Familiar

Fuente: Elaboración propia.

Como dijimos al principio de este apartado, solemos animar siempre a la institucionalización formal del Consejo de Familia a aquellas empresas familiares que poseen un tamaño significativo, ya sea del negocio o de la familia, siempre respetando los deseos del grupo familiar.

Para finalizar, queremos compartir con el lector un caso que ilustra bien lo que queremos destacar aquí. Una empresa multifamiliar, cuyo Consejo de Administración estaba en manos de la segunda generación, tuvo que enfrentar una crisis, que se complicó innecesariamente, por falta de un Consejo de Familia.

CAPÍTULO 1

En concreto, lo que sucedió es que un miembro del Consejo de Administración, que representaba los intereses de una de las familias que conforman la organización multifamiliar, y cuyas acciones mayoritarias estaban todavía en los padres, tomó una decisión de negocio que afecta a un miembro de la familia. Al parecer, había motivos profesionales, objetivos, para tomar tal decisión, basados en una evaluación del desempeño, pero éste no era el problema. Lo que estaba en juego era la unidad familiar.

En un almuerzo, el padre le dijo al hijo: "No estamos de acuerdo con la decisión y sentimos que no has tenido en cuenta la voluntad ni los valores de nuestra familia. Ni siquiera hemos sido informados, cuando sabes que es un tema que nos afecta. Decisiones de ese calibre no se toman sólo por una evaluación del desempeño".

El enfrentamiento de visiones y valores era claro y lo que al principio era una diferencia de pareceres pasó a una frontal colisión: "Si mantenéis la decisión, yo pensaré si me interesa seguir dentro de una empresa que no respeta los valores que siempre ha tenido". La advertencia tenía su gravedad porque se trataba de la posibilidad de vender un paquete importante de acciones en el sector de la minería, muy apetecido por empresas multinacionales que querían entrar en el país.

Este caso nos enseña que un buen Consejo de Familia puede evitar muchos dolores de cabeza, conflictos, situaciones estresantes y equívocos emocionalmente desagradables, de consecuencias muy costosas, además, para el negocio. Estos temas tratados en un Consejo de Familia tienen fácil solución.

La sucesión en la empresa familiar

No queremos poner fin a este capítulo sin hacer una breve referencia a la sucesión familiar. Aunque excede el propósito de este libro, es un tema que no se puede obviar en un libro sobre protocolos de familia, por su trascendencia y porque, en verdad, no se puede ordenar la casa sin resolver el reto de la sucesión. Para quienes deseen abordar este tema en profundidad, recomendamos consultar el libro "La sucesión en la empresa familiar", del profesor Miguel Ángel Gallo, publicado por La Caixa, y el conjunto de conferencias de varios autores que publicó Joan Amat en la colección del Instituto de la Empresa Familiar.

La sucesión es un tema estratégico y se enmarca en la realidad del cambio generacional. Lo natural es el cambio y la llegada de nuevas generaciones que piden paso, voz y mayores responsabilidades, que, a veces, se confunde con libertades. En efecto, la sucesión suele ser un asunto crucial que, en un contexto de servicio y responsabilidad, puede darse de modo espontáneo, franco y productivo.

Uno de los puntos en que insistimos a nuestros clientes es que la sucesión no es un hecho aislado, sino un proceso que suele llevar años. Afrontar éste con la debida anticipación no suele ser normal en muchos empresarios familiares, sino que, por el contrario, tienden a retrasarlo de un modo indefinido, a pesar de que son conscientes de que, antes o después, de modo inexorable, deberán tratar este tema. Caso de no hacerlo, estarán transmitiendo a sus descendientes un problema en lugar de un legado que merezca la pena.

Mediante la sucesión, el fundador o el líder de la empresa familiar está transfiriendo a su sucesor la dirección, el control y la propiedad de la empresa en la parte que corresponda. Para que haya sucesión,

CAPÍTULO 1

el primer paso es que el fundador o el líder de la empresa quiera retirarse, lo que no siempre es así. Sin embargo, antes o después, quieran o no quieran, han de enfrentarse irremediablemente a su retiro. Es ley de vida. Lo ideal es que este paso sea preparado, y no sobrevenido, de tal manera que, bien dado, sea una ocasión de agregar valor a la empresa y a la familia.

> *La mayoría de los fundadores de empresas familiares ofrecen una importante resistencia a dejar su cargo de jefe ejecutivo principal y, también, el de presidente del Consejo de Administración.*
>
> (Miguel Ángel Gallo)

En una encuesta realizada a empresarios, se le preguntó a cada participante a qué edad debían retirarse. Las respuestas que nos comparte el maestro de empresas familiares, William Dyer, durante muchos años profesor de Management en la Universidad de Brighan Young, son elocuentes y hablan por sí solas:

- Antes de los 55: el 14,1%

- Entre los 55 y 65: 13,7%

- Después de los 65: 10,6%

- Nunca: 48,9%

- No lo sé: 12,7%

Un resultado destacamos por encima del resto: casi el 50% de los entrevistados sostenía que nunca deberían retirarse. Se trata de un dato que ilustra bien el problema de muchas empresas familiares y el por qué la sucesión acaba convirtiéndose en un dolor de cabeza, cuando no una pesadilla, para los miembros de la familia empresaria.

Otro dato impactante, por sus posibles causas y consecuencias, es que casi el 13% afirma no saber cuándo retirarse. Con razón Dyer, uno de los investigadores más rigurosos sobre empresas familiares, afirma que la continuidad de la empresa familiar es reto trascendental que guarda una relación directa con la cultura que domina en la familia empresaria y los líderes de ellas. "La cultura de la empresa familiar juega un papel importante en el éxito del negocio familiar más allá de la primera generación", concluyó Dyer después de analizar más de 40 empresas familiares, al descubrir que hay un patrón cultural similar en las empresas que han tenido éxito en la continuidad del negocio familiar en el tiempo.

Por otra parte, no es descabellado pensar que ese 12,7%, que respondió "No lo sé", puede perfectamente incluirse en el grupo de quienes afirman que nunca piensan traspasar la empresa a sus sucesores. Por tanto, la empresa familiar que quiera continuar con éxito en el tiempo se juega más de lo que cree en trabajar los niveles de conciencia del fundador o líder que debe preparar sucesión.

Somos conscientes de que, por lo general, no es fácil cambiar la mentalidad de las personas y mucho menos modificar la cultura de una organización, que requiere de un estilo de liderazgo fuertemente comprometido con el cambio. Éste, a su vez, necesita de niveles importantes de desprendimiento y servicio, actitudes incompatibles con el apego al que en un apartado anterior nos referimos. La

CAPÍTULO 1

---

continuidad exitosa de la familia empresaria necesita de preparación donde la planeación estratégica no puede ser sólo a corto plazo, esto es, a veinte años.

Ante este capital reto, estamos convencidos de que las pequeñas y medianas empresas deben plantearse contar con un departamento de gestión humana con un rol a nivel estratégico, no sólo, como muchas hacen, para selección de personal, contratación y pagar nóminas o temas legales similares. A nuestro entender, las empresas familiares se juegan demasiado en la cultura organizacional que les caracteriza y en el estilo de liderazgo que domina su día a día. Como señala Dyer, los líderes crean y dan forma a los patrones culturales del negocio. Consideramos que es necesario un liderazgo de la gestión humana a nivel estratégico, de tal forma que ella contribuya a tomar medidas para asegurar que la cultura de la empresa familiar permita que el negocio y la familia crezcan y prosperen.

Alentamos aquí, a las empresas familiares que todavía no han preparado la sucesión, a que lo hagan, con ilusión y determinación, sin caer en la tentación del "retiro a medias", como advierte Miguel Ángel Gallo. Es típico este tipo de "retiro" en las empresas familiares: oficialmente no toman cargos en lo laboral, pero continúan llevando el mando o, al menos, interfiriendo en el día de la empresa o influyendo en las decisiones de los gerentes que, como es lógico, no se atreven a enfrentarse a quien todavía mantiene el dominio de la propiedad. Como nos reconoció un gerente de una empresa familiar colombiana, "el jefe sigue siendo ´el Jefe´, patrón será patrón hasta que se muera". Es algo típico, lo sabemos, pero como también lo es que la mayoría de las empresas familiares pierden valor en la sucesión porque no la hicieron bien, a tiempo y con la preparación que requiere un proceso tan vital y estratégico.

Es importante saber afrontar cada caso atendiendo a las particularidades de cada familia empresaria, sin caer en veredictos a priori, quizá como consecuencias de prejuicios y prevenciones. Es conveniente conocer y respetar la esencia de cada líder familiar; una vez comprendida su realidad, hay que ayudarle a que trace su propio plan de sucesión, advirtiéndole de la típica tentación, a veces inconsciente, de retrasar el diseño de la continuidad familiar por la típica desconfianza en la capacidad de los hijos. Con asiduidad, se presenta en las empresas familiares un recelo a ceder el testigo, hasta el punto de que, como vimos en un apartado anterior, se trata de una de las trampas más considerables en las que caen las familias empresarias.

El retraso en el diseño y ejecución de un plan de continuidad de la empresa familiar se suele justificar en la falta de capacidad de los sucesores. En nuestra experiencia, para no caer en la trampa de retrasar la sucesión es conveniente evitar comparaciones. En efecto, la pregunta no es si las nuevas generaciones tienen más capacidades que la precedente sino si tienen una preparación suficiente. Nosotros medimos esta preparación en tres variables: pasión, talentos y esfuerzo. Si los puntajes en estos tres campos son notables, por lo menos un 7 sobre 10, recomendamos ceder el testigo, aunque la generación precedente tenga una mejor nota en esos ítems. Hay que evitar, a como dé lugar, el perfeccionismo. Los grandes emprendedores y empresarios llegaron al éxito a fuerza de ensayo y error, y, en consecuencia, el relevo generacional tiene que darse en un contexto de capacidades suficientes y oportunidades de poder.

CAPÍTULO 1

El relevo generacional es una carrera de relevos en la que la generación saliente va trasmitiendo conocimientos y cediendo poder de gestión. En este duradero período, las fases de transmisión de saberes pasan por un padre-líder y un hijo-ayudante; luego el padre supervisor dejará que el hijo sea gestor y, por fin, el padre pasará a ser asesor de un hijo que ha llegado a ser líder.

(José Javier Rodríguez Alcaide)

Cuadro 11: *Las tres principales razones para retrasar la sucesión.*

RAZONES / EXCUSAS PARA RETRASAR LA SUCESIÓN
• Poder. Temor que, al dejar el mando, pierdan el "status social" Formación y preparación en el proceso de sucesión: cuándo, cómo y por qué.
• Finanzas. Temor a que sus ingresos se resientan y el nivel de vida se vea significativamente afectado.
• Sentido de vida. Muchos fundadores han vivido para trabajar y, si no pueden hacer eso, no saben cómo hacer uso del tiempo libre en algo que les motive del mismo modo que el trabajo en la empresa familiar.

Fuente: Elaboración propia.

En uno de los cursos de Empresas Familiares que dictamos en Baja California, México, al debatir con los estudiantes de CETYS Universidad los miedos que pueden estar presentes a la hora de retrasar la sucesión, salieron los siguientes:

• Que los hijos hundan la empresa;

- Que la empresa pierda valor con la sucesión;

- Evitar conflictos entre familiares que no estarán de acuerdo con la elección de la persona que sucederá al fundador o líder máximo de la empresa familiar;

- Pensar que los hijos no están preparados;

- Miedo a perder el poder, sobre todo si la persona no tiene mucha autoridad en toda la familia empresaria, especialmente si el estilo de liderazgo ejercido ha sido "dictatorial";

- Desinterés de los hijos en seguir al frente de la empresa.

A veces los hijos piensan que asumir la responsabilidad de ser el sucesor es un premio. Es bueno recordarles, en un espacio oportuno, que ser designado el sucesor no es ningún regalo: es un cargo que sobre todo es una carga.

En todo caso, una empresa familiar que quiera perdurar en el tiempo necesita poner la sucesión dentro de sus objetivos estratégicos. No es un tema, por tanto, baladí sino vital. Al respecto, Gallo (1998) sostiene que una empresa con vocación de continuidad y desarrollo precisa de una organización joven, formada por un grupo de directivos, que, como conjunto, conforman una pirámide de edades equilibradas y, por lo general, con un promedio de edad bajo, buen indicador de si la empresa familiar se ha tomado en serio la continuidad.

Si el lector forma parte de una empresa familiar en la que ninguno de los hijos está preparado o interesado en asumir la responsabilidad de la sucesión, le invitamos a escribir a www.invivus.es pidiendo información sobre qué alternativas hay para esta situación extraordinaria, aunque cada vez más común. Además, recibirá un documento con las disposiciones típicas a la hora de ceder el poder y una lista de recomendaciones para la realización de una exitosa sucesión.

Todas estas reflexiones sobre la sucesión se enmarcan en lo que veníamos proponiendo a lo largo del libro. Las empresas familiares necesitan tener la casa ordenada para superar con éxito los retos y trampas que la acechan. La elaboración de un protocolo de familia puede ayudar, sin duda, a ese propósito, a contar con mejores estándares de profesionalidad.

La gestión profesional de la empresa familiar requiere orden, también en algo tan estratégico como es la regulación de las relaciones entre la empresa y la familia, con criterios consensuados y sin arbitrariedades individuales. Es vital para las empresas familiares lograr la unidad de la familia, la propiedad y la dirección de la empresa para ir en la misma dirección de manera armoniosa. La sucesión no puede estar desconectada del propósito de tener la casa ordenada y con todos los recursos funcionando.

CAPÍTULO 2
¿CÓMO REALIZO EL PROTOCOLO FAMILIAR EN MI EMPRESA?

¡Larga vida a la empresa familiar!

CAPÍTULO 2

Confiamos en que el lector esté de acuerdo con nosotros en que no es muy complicado hacerse una idea clara de qué es un protocolo familiar. Esperamos haber logrado este propósito en el capítulo anterior. A continuación, se nos empieza a complicar el asunto, ya que una cosa es la teoría y otra la práctica. En efecto, cuando pasamos a la acción y decidimos plasmar por escrito la realidad, afloran actitudes decididas y dispuestas a no escatimar ciertos esfuerzos.

En una viñeta de la serie "Los Simpson", del genio Matt Groening, aparece un Homer dispuesto a tomarse muy en serio la vida y, curiosamente, decide empezar por la actividad... ¡del sueño!, del descanso, incompatible con el trabajo sacrificado. No es ésta precisamente la actitud que se requiere en la familia empresaria a la hora de dialogar y plasmar por escrito sus ideas y sus anhelos. Se requiere estar muy despiertos y dispuestos a hacer algo importante en favor del futuro de la familia y de la empresa.

2.1.
Tareas previas

Para el éxito del trabajo, recomendamos cuidar y realizar una meticulosa preparación, que incluye la realización de algunas acciones:

Tarea 1: Motivación de todos los familiares implicados

La familia empresaria ha de sentir la necesidad de mejorar las relaciones entre la empresa y la familia, y también la profesionalidad en la empresa. Es conveniente que los participantes sientan esta necesidad y tengan el deseo de satisfacerla. Sin motivación, el resultado esperado es una misión imposible.

Asimismo, han de ser conscientes de que, para lograr los fines anteriores, conviene establecer unas reglas a ser respetadas siempre y por todos. En la medida en que se perciba, se tome en serio y se interiorice la anterior necesidad, así será la motivación de todos en la tarea del Protocolo.

Cuando algún miembro familiar sea escéptico sobre el particular, es necesario mantener con él un diálogo familiar abierto con el objeto de lograr el consenso, camino normal en la toma de decisiones en las familias empresarias.

Tarea 2: Formación previa de la familia empresaria

La realización del protocolo familiar no es algo habitual en las empresas familiares, no es una actividad a la que estén acostumbrados sus miembros. Se requiere, por tanto, tener muy claros los conceptos que se exponen en el Capítulo 1 de este libro.

Si no fuera suficiente, es recomendable la organización o asistencia a un seminario o taller de formación que facilite información sobre cómo llevar a la práctica un protocolo en las empresas familiares. Estos medios de formación suelen ser frecuentes en universidades o escuelas de negocios, asociaciones o cámaras empresariales, empresas de consulting, despachos de abogados e incluso en obras sociales de entidades financieras preocupadas por el éxito de los pequeños y medianos empresarios.

CAPÍTULO 2

En resumen, antes de iniciar el proceso de elaboración de un protocolo de familia, es imprescindible garantizar una formación suficiente en los miembros de la familia empresaria. Sin conocimiento, las confusiones, los conflictos y los reprocesos pueden ser demasiado frecuentes y onerosos.

Tarea 3: Elegir a un coordinador del proceso

Según se ha indicado en el prólogo, el objetivo de este libro es democratizar los protocolos de familia. Queremos ayudar a las familias empresarias que desean "ordenar la casa" y consideran que deben realizar este trabajo sin recurrir a especialistas externos.

Como la elaboración de un protocolo exige alcanzar consensos que favorezcan a la familia y a la empresa, es necesario elegir a una persona con autoridad y capacidad. Su principal responsabilidad será coordinar las conversaciones individuales y grupales de modo que las reuniones no se conviertan en una algarabía sin orden donde todos hablan y nadie escucha.

Esta figura del "Coordinador" deberá ser una persona con un gran amor a la familia y a la empresa. Un requisito -imprescindible- que debe reunir el coordinador es que todos confíen en él o en ella. La confianza es esencial al proceso. Como dijimos, necesitará y autoridad y algunas cualidades, como la serenidad y la empatía, para escuchar a todos y percibir las aportaciones positivas de cada uno. Lo que se busca es el bien de la Familia y de la Empresa y éste normalmente proviene de las aportaciones de todos.

Tarea 4: Vivir el proceso

Quienes estamos relacionados con esta actividad en la empresa familiar solemos afirmar que el proceso de elaboración del protocolo familiar es tan importante, o más, que su contenido y redacción final.

Este proceso es una oportunidad única que tienen los miembros de la familia de sentarse a hablar de la empresa, de tomarle el gusto a seguir dialogando siempre, de generar, como ya dijimos, una cultura de comunicación empresarial y familiar desde el aprecio, el reconocimiento y el agradecimiento.

Se trata de vivir el proceso, sin excusas y excepciones, hasta el punto de que es recomendable elaborar un sistema de alertas y "sanciones" empáticas previamente acordadas, para quienes no respetan el proceso.

Tarea 5: Inventario de temas a tratar en el Protocolo Familiar

Un buen modo de comenzar el protocolo familiar consiste en elaborar una lista de todos aquellos temas que preocupan a los familiares que participan en la propiedad y en el gobierno y/o dirección de la empresa. De entrada, es importante no desechar tema alguno, por trivial que pueda parecer.

El listado surge de conversaciones asertivas en entornos tanto profesionales como inspiradores para la persona que debe verbalizar lo que es importante para él o ella y que, en el día a día, con el peso de lo urgente, no es fácil "visualizar".

CAPÍTULO 2

Una vez que se cuenta con el listado total, es el momento de analizar cada aportación dentro del conjunto y elegir los temas más significativos, concentrándose en lo que es realmente importante para la familia y para la empresa. Para lograr lo anterior, el criterio del coordinador es vital y su labor en este punto empieza a ser destacada.

Tarea 6: Conversaciones del coordinador con todos

El coordinador ha de profundizar en los temas que han sido elegidos para tratar en el protocolo. Para ello recurrirá a las ayudas internas y externas que estime convenientes. De manera confidencial, mantendrá conversaciones individuales con cada uno de los familiares implicados en el proceso, con el objeto de conocer la postura de ellos, ante los temas relacionados en el listado.

La sinceridad en las conversaciones es fundamental, pero será algo imposible, si el coordinador no sabe guardar rigurosamente la confidencialidad de lo hablado individualmente con cada uno de los protagonistas. Se aconseja en cada conversación ir tratando varios temas, empezando por los menos conflictivos y, poco a poco, ir tocando los aquellos asuntos más delicados o donde el consenso es previsible que sea más difícil de alcanzar.

Importa mucho que el coordinador evite cualquier tipo de prejuicio y sepa escuchar a todos de modo receptivo. Es básico que no tome postura, aunque los enfoques de aquéllos no coincidan con los suyos. Guiado por el paradigma de la sinergia, la tarea del coordinador es buscar siempre lo mejor para todos, consciente que las diferencias no sólo se respetan, sino que también se celebran con la intención de ser integradas, siempre que sea posible, dentro del propósito común.

La mentalidad ganar/ganar no es una técnica sino una filosofía total de interacción humana. Con esta filosofía vemos la vida en un escenario de cooperación bajo el paradigma de que hay mucho para todos y de que el éxito de una persona (o de una rama familiar) no se logra a costa del fracaso de otros. Mediante la cooperación, el pastel puede ser cada vez más grande y todos salir beneficiados.

(Stephen Covey)

La opción ganar/ganar es propia de personas que tienen un alto nivel de coraje y decisión, pero que también tienen una alta consideración hacia los demás. Defiende los derechos propios y los de los demás miembros de la familia en el caso que nos ocupa.

A veces, en las familias las relaciones se han deteriorado tanto que muchos de sus miembros llegan al absurdo de estar dispuestos a instalarse en el pierdo/pierdes; en esta lógica, es claro que tanto el coraje por solucionar los temas, como la consideración a los demás están en un nivel de mínimos. Recuerdo un caso en el que un familiar estaba dispuesto a perder todo con tal de que otro familiar saliera gravemente perjudicado. La situación se hizo tan dramática que acudieron a los tribunales, a pesar de los esfuerzos de intermediación del estudio. Aunque cueste entenderlo, este caso no suele ser tan excepcional y pone sobre la mesa, de nuevo, la importancia de las emociones negativas por acontecimientos no superados.

CAPÍTULO 2

Gráfico 2: *Matriz de interacción humana.*

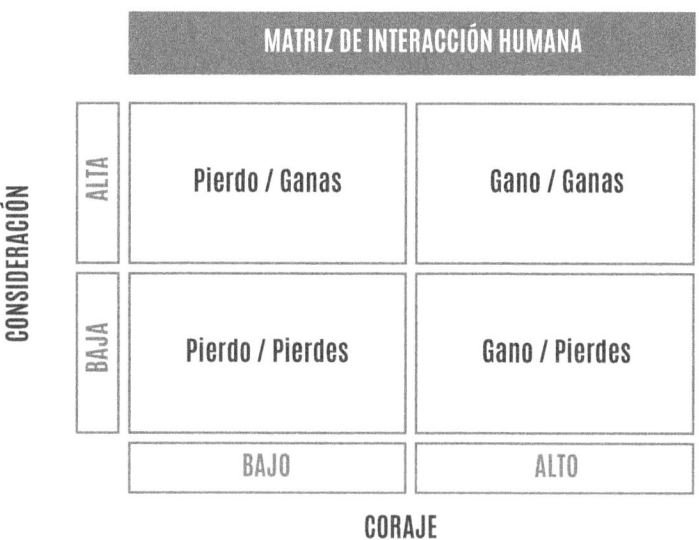

Fuente: Matriz de Miller-Heiman y Tuleja.

Una situación bastante normal es el gano/pierdes. El coraje, por defender lo mejor para nosotros, es tan alto que nos olvidamos del bien de los demás. Cuando los intervinientes toman conciencia de esta situación, lo normal es que todos acaben perdiendo. La lógica del gano/pierdes no es sostenible y es causa de conflictos y venganzas futuras, cuando la ocasión lo permita.

Si el coordinador elegido es capaz de convencerse él mismo de la necesidad de un enfoque ganar/ganar, tendrá más posibilidades de transmitirlo a los demás familiares y lograr consensos en los que todos salgan favorecidos. Una vez más, la labor del coordinador es vital para el éxito del proceso.

Tarea 7: Conversaciones grupales

Una vez que se ha dialogado un tema con cada uno de los implicados y se ha comprobado que existen posturas coincidentes, ha llegado el momento de tener una reunión grupal en la que se formalice el consenso sobre el tema tratado. Considero un error llevar a las reuniones grupales temas que no han sido debidamente tratados de manera individual con todos, o aquéllos sobre los que existen graves discrepancias. Normalmente sólo servirá para que cada uno mantenga e intente consolidar su posición y el consenso sea más complicado.

Las reuniones grupales son el paso previo para los consensos que se incluirán en el protocolo. En consecuencia, como es de suponer, es de gran importancia realizar estos encuentros sin prisas, con serenidad y sin perder de vista los objetivos de unir más a la familia empresaria y de profesionalizar la empresa, para que ésta obtenga mejores resultados.

En efecto, el consenso en cada decisión ha de pasar el tamiz de los dos anteriores objetivos señalados: la armonía familiar y la sostenibilidad empresarial. El coordinador debe hacer lo posible para que todos tengan claro este criterio y sigan la lógica del "ganar/ganar" sin permitir que ninguna de las partes quede gravemente herida o debilitada.

En definitiva, cuando resulta imposible ponerse de acuerdo sobre un tema, es preferible aparcar éste y volver a mantener conversaciones individuales sobre el mismo con el objeto de analizar si dicho asunto en discusión ha de ser modificado o retirado del protocolo.

CAPÍTULO 2

Tarea 8: Redacción progresiva del Protocolo

A medida que se van logrando consensos, a éstos se les da forma y se integran en lo que será el Protocolo Familiar. Como se suele entregar una copia de lo redactado a cada uno de los familiares participantes, con cierta frecuencia éstos piden aclaraciones y que se revise la forma e incluso el contenido de alguno de los temas acordados.

Aunque parezca un retroceso y una pérdida de tiempo, es fundamental atender todas las consideraciones recibidas y las revisiones solicitadas, ya que el consenso definitivo ha de apoyarse sobre el convencimiento pleno por parte de todos de que lo acordado es la mejor opción para fortalecer la armonía familiar, la profesionalidad en la gestión de la empresa y los resultados a largo plazo de ésta. Hay que evitar, a como dé lugar, que un éxito a corto plazo implique un problema o bloqueo mayor en el futuro. En estas cuestiones aconsejamos seguir el lema "Paso a paso y con eficiencia".

Tarea 9: Firma ante notario

Este momento del proceso es delicado y recomendamos, en la manera de lo posible, y atendiendo a la realidad de cada familia empresaria, que la mencionada firma se haga con todos los familiares implicados y sus cónyuges. Es una manera de reforzar la unidad y la trascendencia del trabajo realizado.

En efecto, una vez completada la redacción del protocolo y hechas las correcciones necesarias, es conveniente que un profesional del derecho y un especialista en empresas familiares repase el documento redactado con el objeto de que el contenido haya sido debidamente expresado. Como es lógico, hay países con una legislación más avanzada o prolija en materia de derecho de empresa y derecho de familia, que los protocolos no puede obviar. Sin embargo, por nuestra experiencia en empresas familiares, lo más determinante en una familia empresaria, al final, es la voluntad de las partes implicadas.

Finalmente, hay que llevar el protocolo, a un notario para que sea firmado por todos los familiares implicados en la empresa familiar. Algunas familias aprovechan para tener a continuación una distendida reunión familiar, por ejemplo, un almuerzo de celebración por haber alcanzado tan importante logro y, sobre todo, por lo que él significa y ha implicado: la madurez de una familia empresaria y la responsabilidad de los miembros familiares que se han esforzado por sentar unas bases sólidas de la continuidad. El hecho de haber logrado ordenar la casa de manera estratégica, en medio de tantos retos diarios y necesidades urgentes, sin duda merece ser celebrado.

Tarea 10: Seguimiento y cumplimiento del protocolo familiar

¡Cuántos protocolos familiares alcanzan su vejez protegidos por un sobre en la caja fuerte de la familia y de la empresa!

Pasa en muchos otros ámbitos de la vida humana. A veces, realizamos trabajos importantes que, por falta de continuidad, acaban perdiendo fuerza y, posteriormente, interés y, por último, sentido. Lo vemos en muchos profesionales, emprendedores, deportistas, artistas que, por falta de foco, motivación y constancia, echaron a perder muchos esfuerzos realizados en el pasado. Cuando se pierde

CAPÍTULO 2

el norte, el sentido de lo que hacemos, por muy importante que sea, se difumina o, incluso a veces, se pierde.

Este riesgo también lo tienen las empresas familiares que logran realizar y firmar un protocolo. El orden tiene que ser permanente porque, de lo contrario, el ser humano tiene la infinita capacidad de adaptarse a distintas situaciones hasta el punto de llegar a poder convivir, sin problemas, con el desorden, aun sabiendo que es una de las causas de que las empresas no logren sus objetivos y trasciendan en el tiempo.

En otras palabras, el protocolo familiar tiene que ser algo vivo, hacerse vida en las decisiones importantes y en la gestión, tanto estratégica como diaria, de la empresa familiar. Una de las maneras de comprobar si el protocolo familiar tiene vida es desarrollar el hábito de comentarlo periódicamente, y, según la realidad y circunstancias de la familia empresaria, actualizarlo. Conocemos el caso exitoso de empresas familiares que aprovechan un momento de las asambleas familiares, que tienen una vez al año, para revisar y dar la oportunidad de que los miembros propongan mejoras y cambios. Si la empresa y la familia crece y experimenta cambios en el tiempo, es lógico que el protocolo lo refleje. Por eso recomendamos, con criterio y prudencia, que cada familia establezca su manera de "dar vida" al protocolo. De esta manera, todos sentirán que, más allá de que todo en la vida es susceptible de ser mejorado, es útil.

En una ocasión, hablando en Colombia con el fundador de una empresa, éste nos contó que el protocolo familiar había tenido dos actualizaciones en cinco años: "A nosotros nos ayudó establecer, desde el principio, un plan de seguimiento formal del cumplimiento del protocolo. Fue importante porque los seres humanos tenemos una capacidad creativa inmensa para engañarnos a nosotros mismos. Siempre encontramos excusas para hacer o no hacer algo. Pero si habíamos tomado la decisión de tomarnos en serio la continuidad de la empresa, no podíamos ignorar la necesidad del compliance y de nombrar a una persona con autoridad dentro de la familia que se responsabilizara de esto", comentó el líder cafetero.

Cada caso es cada caso, pero, sin duda, puede ser muy útil nombrar a un responsable como hizo este empresario. De cualquier manera, si la empresa familiar tuviera formalmente establecido el Consejo de Familia, sería éste el que asumiría tal responsabilidad. Una tarea ésta, la décima, de consecuencias trascendentales.

CAPÍTULO 3
CÓMO LA FAMILIA QUESADA
REALIZA SU PROTOCOLO
FAMILIAR

¡Larga vida a la empresa familiar!

En este capítulo reproducimos, un caso de éxito en el que una familia empresaria logró realizar su protocolo familiar siguiendo los pasos que recomendamos en este libro. Por respeto a la realidad, hemos querido respetar el estilo y la redacción de la persona que lideró este trabajo.

El protagonista de este protocolo familiar es la familia Quesada y, concretamente, Ernesto Quesada, fundador de un negocio familiar dedicado a la elaboración de productos derivados del cerdo ibérico. Después de trabajar nueve años en un secadero de jamones, situado cerca de Cáceres, España, se casó con Esperanza, una compañera de trabajo y natural de esta ciudad extremeña. Esperanza había estudiado el equivalente a la actual Administración de Empresas con muy buenas calificaciones.

En el matadero, las cosas no iban muy brillantes y esto les empujó a acogerse a un plan de reestructuración de la empresa, que incentivaba con una cantidad interesante de dinero la salida de la empresa. Lo pensaron detenidamente y, con los fondos recibidos, decidieron arriesgarse a crear un pequeño negocio que procesara otras partes del cerdo ibérico, pues opinaban que competir con las grandes empresas en lo relacionado con el jamón de bellota era, aparentemente, algo fuera de su alcance. Lo tenían muy claro: Ernesto se responsabilizaría de todo lo referente a compras y producción y Esperanza de la administración y de las ventas, así como también de llevar el liderazgo en el cuidado de los hijos que irían viniendo, ya que ambos deseaban una familia numerosa.

Cuando hablamos de cerdo ibérico, nos referimos a una raza porcina autóctona española, que se cría en las dehesas del sudoeste español, donde abundan las encinas y, por tanto, las bellotas que

CAPÍTULO 3

sirven de alimentación a estos animales. La calidad de su carne es extraordinaria y los productos derivados de ésta son muy valorados prácticamente en todo el mundo.

El matrimonio se estableció en Plasencia, una preciosa y monumental ciudad de unos 50.000 habitantes, situada a 80 km. de Cáceres y 250 km. de Madrid. Allí comenzaron a producir chorizo, salchichón y otros derivados del cerdo ibérico. En este municipio extremeño empezó la historia de esta empresa familiar.

Tenían muchas ilusiones puestas en el negocio que iniciaban, ya que la familia de Ernesto elaboraba estos productos desde hacía varias décadas, para el consumo personal, de familiares y de los más allegados. Por los comentarios de quienes los consumían, el sabor y la calidad de los mismos eran claramente superiores a los que se vendían en la zona.

De este modo, apenas comenzada la década de los 70, nació Ibéricos Quesada, nombre comercial del negocio, y, después, la sociedad Ibéricos Quesada, S.L.

Los inicios fueron bastante duros, pero la ilusión y la capacidad de esfuerzo fueron superiores a las dificultades. En alguno de los pocos ratos que tenían para ellos, Esperanza y Ernesto recordaban cómo traspiraban y les temblaba el pulso, mientras firmaban numerosos pagarés en el despacho del director de la Caja de Ahorros de Extremadura. Era su primer crédito.

Todo transcurría como esperaban. Aunque el negocio crecía de modo lento, pero continuado, la marca de "Ibéricos Quesada" se extendía por la comarca y era cada día más valorada. Tenían como política mejorar en lo posible la calidad y mantener siempre los márgenes. No querían trabajar por trabajar. Sus productos no eran industriales, sino realmente artesanales.

Desde 1.989, la demanda se disparó, especialmente en las épocas de semana santa y verano. Esto les empujaba a ampliar lo necesario las instalaciones y a aumentar el número de empleados. De hecho, las ventas pasaron de 544.000 €. en ese año, a 1.088.000 €. durante 1.995.

Últimamente, Ernesto y Esperanza sentían, cada vez con mayor frecuencia, la necesidad de prestar más atención a la situación familiar, ya que a principios de 1.996 tenían cuatro hijos: Ernesto (27 años), Ana (24), Dolores (22) y Nacho, el pequeño (14).

Ernesto llevaba seis años trabajando en la empresa familiar. Una vez terminado el colegio y un poco forzado comenzó a estudiar Perito Industrial, pero al poco tiempo habló con sus padres y les manifestó que le atraía trabajar, ya que los estudios eran para él poco menos que un martirio. Después de ciertas tensiones y hasta presiones, para que siguiese estudiando, Ernesto empezó a trabajar con su padre no sin antes prometerle tres cosas:

a) Empezaría desde abajo

b) Debía dar ejemplo a los pocos empleados que tenían

c) Cada aumento de responsabilidad y de sueldo se los debería ganar

CAPÍTULO 3

La experiencia de estos seis años estaba siendo buena. Ernesto demostró que era muy trabajador, no tenía horarios y sí muy buen humor; y tenía en el "bote" a los otros empleados. Llevaba varios años de novio con Marta y pensaba casarse antes de un año.

Ana hacía poco que había terminado Administración de Empresas y se colocó en la Cámara de Comercio de Badajoz. Pensaba que le sería muy útil este trabajo durante un tiempo, pero su sueño era estar más cerca de su madre con la que siempre se ha sentido muy unida. Especialmente atractiva, cuidaba mucho su figura. Había roto con un novio, compañero de estudios, y en estos momentos quería centrarse en su trabajo. Como ella decía: "No me preguntéis cuándo me caso. No me quedaré para vestir santos, pero tampoco tengo prisa".

Dolores, por su parte, tenía las ideas muy claras desde su adolescencia. Quería estudiar Veterinaria. Ahora estaba haciendo tercer año de la universidad. No entraba en sus planes restringir su actividad a cuidar animales. Aspiraba a conocer las posibilidades que puede ofrecer el sector ganadero, también en su faceta industrial. En concreto se sentía atraída por dos temas: el proceso de transformación de la carne en alimento y la alimentación humana y la salud. Tenía un novio de Madrid, aunque según ella no era nada serio. Quedaba mucho horizonte a la vista, ya que, una vez terminada la carrera, quería realizar algún postgrado sobre los temas que más le interesaban.

Por último, estaba Nacho, una persona muy influyente con una personalidad muy especial. Siempre estaba rodeado de amigos y de amigas. Podríamos afirmar que todo el mundo le quería. Era bueno y brillante, aunque sus notas en los estudios no lo eran tanto. Se conformaba con aprobar y, si quedaba algo en junio, siempre lo sacaba adelante en la convocatoria de septiembre. En todo caso, el hecho es que empezaba limpio el nuevo curso. No tenía ni idea de lo que le apetecía ser. Lo que quería era divertirse. En las vacaciones solía ayudarle a su padre algunos ratos en el negocio, pero sin pasarse.

Esperanza y Ernesto desde hace tiempo sentían que estaban atrapados por el día a día. Cada vez tomaba más cuerpo la necesidad de tomar cierta distancia del negocio. En las próximas fechas, habría un largo puente de cuatro días y decidieron pasar un fin de semana largo en el Parador Nacional de Zafra. Podrían pensar durante ese tiempo y, sobre todo, hablar. De paso, le pedirían a su hija Ana que, desde Badajoz, se acercara algún día a comer con ellos.

De acuerdo a lo previsto, salieron el miércoles después de comer y antes de las siete de la tarde ya estaban registrándose en la recepción del Hotel Parador que hay en Zafra. Esperanza llamó a los chicos para saber cómo estaban e inmediatamente salió con su marido a pasear por los alrededores del parador. No tardaron mucho tiempo en entrar en materia. Las conversaciones que se sucedieron en estos días podríamos resumirlas en el siguiente diálogo:

-Ernesto, ¿te gustaría que todos nuestros hijos trabajaran en el negocio familiar?

-Por supuesto, pero como ya hemos hablado en varias oportunidades es muy duro sacar adelante un negocio propio. Exige mucho esfuerzo y sacrificio -dijo Ernesto.

-Desde luego, querido, pero esta lucha nos ha permitido dar a nuestros hijos los estudios que han querido y algunos ahorros.

CAPÍTULO 3

-Esperanza, llevas razón, pero no tengo claro que deba meterles en este berenjenal. Yo empiezo a sentirme cansado en más de una ocasión. Mira la vida de Ana. Tiene mucha más calidad que la de su hermano Ernesto, trabajando sin horario en el negocio familia.

-Yo no estoy tan segura. En alguna oportunidad me ha comentado que la experiencia y sobre todo las relaciones que está adquiriendo en su trabajo le pueden ser muy útiles, si algún día decide incorporarse a la empresa familiar.

-¡No me digas, Esperanza! ¡No podía imaginármelo! ¿No me estarás gastando una broma?

-Nada de bromas. Es algo que nos hemos de tomar muy en serio. Como vendrá a comer con nosotros uno de estos días, podemos contarle nuestras inquietudes y escuchar las suyas.

-Llevamos casi treinta años casados y me sigues sorprendiendo. ¿Recuerdas cuando siendo novios tu hermano pequeño me dijo que me casaba con la mejor de sus hermanas? Creo que llevaba toda la razón. Hace días que no te he dicho que te quiero, pero te quiero y soy muy feliz contigo. Te agradeceré siempre la cantidad de apuros de los que me has sacado con la educación de nuestros hijos. ¿Recuerdas cuando nos llamó el tutor del colegio para hablar de Ernesto? Yo iba asustado, aunque luego no fue tan grave. Tanto embutido me estaba atrofiando.

-Yo me siento afortunada sabiendo que tengo al lado a un hombre responsable y no tan guapo como hace veinte años, pero todavía soportable.

A Esperanza le quedaron grabadas las palabras de su marido: "No tengo claro de que deba meterles en este berenjenal". Debía aclararlo con Ernesto. Estaban terminando de desayunar y sacó el tema.

-Ernesto, llevas razón en que no debemos empujar a nuestros hijos a meterse en el negocio, pero creo que sería bueno para ellos el que tengan la oportunidad de elegir libremente. Y para ello no queda otro remedio que nosotros hagamos un esfuerzo más.

-¡En qué estarás pensando!

-Muy sencillo -dijo Esperanza. Alguna vez hemos escuchado que envejece más la comodidad que la edad. Todavía somos jóvenes y creo que nos vendrá bien retrasar una cómoda vejez y ampliar la fábrica de modo que todos puedan tener sitio en ésta. Si no quieren trabajar en ella, les enseñaremos a ser buenos socios o les ayudaremos a que sean buenos profesionales en lo que quieran.

-Esperanza, haces que me tiemble el piso. He pensado varias veces que la jubilación no está lejos y ahora me estás hablando de ampliar, invertir nuestros ahorros y complicarnos la vida.

-Te veo demasiado joven, Ernesto, para que empieces a oxidarte. Ya tendrás tiempo, cuando estés rodeado de nietos. Además, mi abuelo decía que ya tendría tiempo de descansar cuando se muriera.

Aunque en su interior, le estaba gustando escuchar lo que decía su mujer, se hizo un poco el sufridor diciendo:

-Esperanza, deja que me reponga. Creo que deberíamos ir a cenar al restaurante Plaza Grande. Los postres allí son excepcionales y esta noche necesito un helado de dulce de leche de los que allí hacen y en la sobremesa tomarme una buena copa de brandy "Peinado solera 20 años". Si no lo sabías, en Tomelloso, además de buenos quesos y vinos, se produce uno de los mejores brandies del mundo.

-De acuerdo, esta noche ya no hablamos más de temas relacionados con el negocio, pero Ana viene a comer mañana y no podemos perder la oportunidad de saber sus planes.

-Sí, sería estupendo que Ana se animara y algún día viniera a vivir a Plasencia. No es que esté a muchos kilómetros de casa, pero mi temor es que cada vez esté más lejos.

-Ernesto, no corras tanto. Eres realmente un padrazo. Ana ha de tener claro que nuestra mayor ilusión es que nuestros hijos sean felices haciendo lo que quieren hacer, sea en un proyecto familiar o fuera de él.

Este tipo de conversaciones se fueron repitiendo. Ambos tomaron conciencia de que sus ilusiones como pareja y como empresarios estaban tomando un brillo especial. Esperanza se acordó de una frase que leyó en un libro: "La mejor forma de predecir el futuro es construirlo". Ella estaba muy motivada de poder ayudar a que las cosas vayan por el buen camino.

Almuerzo con Ana

Ana había salido el viernes de noche con un grupo de amigos y se había ido a dormir un poco tarde. El despertador empezó a sonar de un modo poco amable. Poco a poco empezó a moverse, no sin mucha pereza. Necesitó más de media hora para tomar conciencia de que debía levantarse. Llamó a sus padres y les dijo que estaría con ellos alrededor de las 14,30 para comer juntos. No había hecho planes para la tarde por lo que podrían conversar sin prisas. Le apetecía pasar con ellos un buen rato en un ambiente distendido.

Almorzaron en el restaurante del Parador, un espacio de gran belleza decorado con vigas y un espectacular friso de azulejos policromados de Talavera. Era un lugar que te proyectaba, en muchos aspectos, al siglo XVI, en el que se ofrecía la posibilidad de probar los mejores productos de la tierra: pimientos, tomates, setas, carne de caza, productos de cerdo ibérico, entre otros. La recomendación del día era un puchero de perdiz, pero Ernesto estaba con ganas de unos lomitos de cordero a la miel de la dehesa. Ya en el momento del postre, mientras Ernesto tomaba un helado y un digestivo, y Ana un té con unas cerezas del Jerte, Esperanza se decidió a aprovechar el tiempo y la ocasión. Era un momento especial, ya que tenía, juntos y sin interferencia alguna, a su marido y a su hija mayor. Como madre, tomó la palabra:

-A papá y a mí nos está rondando, desde hace algún tiempo, la idea de ampliar el negocio de casa e intentar hacer algo importante. De este modo todos los hermanos, que lo deseéis, tendréis la oportunidad de trabajar juntos en algo propio.

-Menuda encerrona me habéis organizado. No me va a sentar bien la comida, dijo en broma, soltando una sonrisa.

La madre continuó:

-Deja que te expliquemos papá y yo lo que pasa por nuestra mente. Eres la hija mayor y te consideramos muy madura y responsable. Es importante para nosotros saber cuál es tu opinión sobre el tema.

CAPÍTULO 3

Ernesto añadió:

-Alguna vez me había planteado hacer una ampliación más seria, pero como os veía a cada uno con sus proyectos propios no me animaba a tomarlo en serio. Ahora, ha sido mamá la que me ha hecho pensar más seriamente en ello.

Ana escucha atentamente sin decir una palabra.

-Papá está en una edad muy especial. Por un lado, podemos decir que está en lo mejor de su vida profesional, pero, por otra, lo normal es que dentro de unos años empiece a no estarlo tanto. Pensamos que es el momento para hacer algo o archivarlo definitivamente. ¿Qué planes tienes, hija? Queremos saber qué te gustaría hacer.

Por un lado, Ana estaba agradecida de la confianza y deferencia de sus padres hacia ella. A la vez, su sentido de responsabilidad le bloqueaba un poco. Con todo, logró decir a sus padres lo siguiente:

-Sabéis que no me disgustaría volver a Plasencia con todos vosotros. Yo estoy muy a gusto con mi trabajo, estoy aprendiendo mucho y sobre todo me estoy relacionando una barbaridad. Ahora bien, no me atrae dedicar mi vida a la función pública. Me atrae más la empresa privada. Respecto a lo que me decís, es un tema para pensar, y sobre todo para hablar con todos los hermanos, pero me alegra veros con estas inquietudes.

Su padre tomó la palabra entonces para dejar claro un criterio y una preocupación que él y Esperanza tenían:

-No es que queramos obligaros a que todos dediquéis vuestra vida a un negocio familiar, pero, tal y como se avecinan los tiempos, sería bueno que, al menos tengáis una alternativa más a poder elegir para vuestra vida.

Ana sabía que lo que sus padres estaban planteando iba a implicar una inversión, un esfuerzo importante, en dedicación y en dinero, un capital que podían perfectamente reservar para ellos como ahorro en el caso de que quisieran en unos años retirarse. Por eso, planteó una pregunta:

-¿Qué piensas tú, mamá? Si todos tus hijos están bien ahora, ¿no es mejor que os reservéis los ahorros para vosotros?

Esperanza respondió con rapidez:

-Lo que te ha dicho papá es fruto de haberlo hablado y acordado los dos. Sabemos que trabajar para uno mismo es muy sacrificado, pues cargas a tus espaldas mayor responsabilidad, pero tienes más autonomía y los frutos de tus éxitos y fracasos son para ti.

Ernesto añadió:

-Dentro de casi un mes tenemos la Semana Santa. Podíamos reunirnos toda la familia en este lugar tan tranquilo y cómodo. Aparte de descansar, hablaríamos sobre este tema.

-Por mi parte, de acuerdo -dijo Ana. No tengo planes para esos días, bueno, sí que los tengo, venir a este Hotel con vosotros. Sería bueno que seáis vosotros quienes lo comentéis a los demás hermanos,

CAPÍTULO 3

del mismo modo que lo habéis hecho conmigo. Me preocupa qué podrá pensar mi hermano Ernesto.

-A nosotros también, pero yo me encargo de hablarlo con él -dijo Esperanza.

Padres e hija se despidieron con dos besos y un fuerte y prolongado abrazo, como es tradición en España. De regreso a casa, Ana se dijo así misma que lo más inteligente sería no hacerse grandes expectativas, que una cosa son los deseos de los padres y otra la realidad. Además, otro motivo más profundo le hacía ser precavida ante lo que se avecinaba: "Las mejores cosas de la vida siempre te llegan de manera inesperadas. Porque no hay expectativas, precisamente al no esperarlas. Lo que tenga que ser será, lo que es para uno, antes o después te llega", razonó Ana.

Encuentro familiar en Semana Santa

Todo se desenvolvió según lo previsto, es decir, bien. En las vacaciones de Semana Santa tuvieron la reunión familiar y quedaron entusiasmados con complicarse la vida todos juntos. Hasta Nacho, sobre el que recaían algunas dudas, manifestó sentirse orgulloso de pertenecer a una familia que le quería y que le empezaba a consultar temas importantes. "Estos encuentros ayudan a que uno se sienta importante y protagonista", dijo.

Esperanza recordó a todos cómo varias familias empresarias, que todos conocían, se habían ido a "pique" porque en la empresa todos querían mandar, todos se hacían los señoritos y todos se sentían dueños de la caja. Porque una empresa sin orden es como un barco a la deriva. Haciendo honor a su pragmatismo, se animó a pedir a sus hijos que nunca cayeran ellos en ese error. Asimismo, les puso como ejemplo a la familia Peyrona, que todos conocían, una empresa realmente modélica en unidad, espíritu de trabajo y de entrega por parte de todos.

Poco más o menos, estas fueron sus palabras:

-Conozco, de primera mano, que hasta hace unos cuatro años los Peyrona tenían fuertes tensiones entre los hijos. Esto motivó que se reunieran, como nosotros ahora, y pusieran las cartas sobre la mesa acerca de la empresa y de la familia que querían y se comprometieron todos por escrito a cumplir lo acordado. Sé que es una práctica recomendada hacer esto sin tener que llegar a situaciones de conflicto. En este momento, como madre, necesito deciros que por encima de todos los éxitos quiero que nuestra familia se sienta unida, con empresa o sin empresa. También he de deciros que, en relación con la capacidad de trabajo, no dejéis de imitar a vuestro padre: es un buen ejemplo, un espejo en el que mirarse de vez en cuando para saber si vais por el buen camino.

En la reunión familiar, se comentó la necesidad de tener, como los Peyrona, unas "reglas de juego" a las que se sometieran todos los familiares participantes en la empresa. Todos estuvieron de acuerdo.

Si había unanimidad sobre el objetivo a alcanzar, faltaba acordar la mejor ruta para lograrlo. Un camino era pedirle a un especialista en empresas familiares que coordinara el proceso y realizara el trabajo, como persona neutral. Muchas empresas familiares así lo han hecho, habitualmente con gran éxito. Sin embargo, don Ernesto comentó que no se sentía a gusto con esta opción y pidió considerar otras alternativas. "No me gustaría mostrar la intimidad total de la empresa

CAPÍTULO 3

a nadie", explicó. Esperanza, por su parte, conociendo bien a su esposo y que iba a ser difícil hacerle cambiar de opinión, prefirió echarle un capote: "También me preocupa poner sobre la mesa, ante un extraño, las entrañas de la familia".

Si el Fundador no quería que el trabajo fuera realizado por un externo a la familia, a pesar de las ventajas que ello pudiera tener, la alternativa era intentar que alguien de la familia se encargara del proceso.

-Entiendo que el trabajo no será exactamente el mismo, pero, aunque el resultado sea menos objetivo, menos formal y posiblemente menos perfecto, prefiero explorar esta opción -dijo don Ernesto.

En el fondo, aunque fuera la alternativa más difícil de llevar a la práctica, todos comprendían al padre, que había aprendido de su madre la importancia de la intimidad. La Abuela, una mujer forjada en el dolor de una cruenta guerra civil y en la cultura ancestral de respetar conexiones sociales que son cruciales para la supervivencia, solía decir una frase lapidaria: "La intimidad es el último refugio que hay que cuidar como lo más sagrado. Si se pierde o se sacrifica, ¿qué te queda?".

En ese preciso momento, todas las miradas empezaron a encontrarse entre sí y, poco a poco, se detuvieron en Ana, todas, menos la de ella, claro.

-Parece que me ha tocado -dijo Ana. Pero pidió un tiempo para madurar la respuesta... Ésta fue positiva.

Ana tenía unos conocimientos muy elementales sobre cómo deben funcionar las empresas familiares, los propios de un par de asignaturas en la carrera y de dos clases prácticas que habían tenido in situ, visitando a dos empresas. En todo caso, ella sentía que le quedaba un poco lejos todo aquello. Además, aunque había participado en la organización de algunas conferencias para Pymes Familiares sobre profesionalización y algún tema más, este conocimiento no era suficiente para el reto que le habían encomendado. Por desgracia, no había asistido a sesiones donde se había hablado de los protocolos de familia y de la sucesión.

Sin embargo, por su personalidad, que se crece ante las demostraciones de confianza, Ana se sentía muy ilusionada por el trabajo a realizar. Quedaban casi nueve meses para fin de año y la tarea estaba cargada de responsabilidad. En su interior, sentía que era algo bueno y necesario. "Siempre me han atraído los retos", pensó. Ana recordaba con frecuencia una frase que había escuchado a un profesor en la universidad: "La única manera de crecer es desafiándote a ti mismo".

Pasaron más de dos meses y Ana parecía haber desaparecido. ¿Había pedido tiempo? Quizá sí, quizá no, nadie lo sabía, sólo ella. Pero sí existía la duda razonable de si ella sería capaz de llevar a buen puerto la tarea encomendada. ¿No sería que le resultaba grande y se estaba sintiendo demasiado sola? Esta preocupación que había anidado en el corazón de sus padres se disipó a los pocos días.

Una noche, a la hora de la cena, Ana llamó por teléfono a sus padres y les dijo que iba a Plasencia ese fin de semana y que quería cambiar impresiones con ellos y con sus hermanos. Se le veía muy animada y alegre; tanto que Esperanza como Ernesto respiraron profundamente y esbozaron una sonrisa. Sabían que Ana no se asustaba fácilmente ante los retos e intuían que se lo estaba tomando muy en serio.

> *No estás destinado a hacer lo que es fácil, estás destinado a desafiarte a ti mismo.*
>
> (Stephen Covey)

La tarde del sábado se reunieron todos con cierta expectación. Ana empezó diciendo:

-He leído mucho y he pensado más sobre el encargo que me encomendasteis. Cuanta más información intentaba asimilar, más perdida me sentía. Hace algo más de un mes, en plena confusión, fui a la Universidad y visité a la profesora responsable de la Cátedra de la asignatura de Empresa Familiar y le conté mi situación. Después de mirarme sonriendo (yo me sentía fatal) me dijo lo siguiente:

a. Antes que nada, tranquilízate. Lo que quieres hacer es muy importante, pero te equivocas, si sólo quieres hacerlo tú. Los verdaderos protagonistas de tu trabajo sois todos los hermanos y tus padres. Si ellos quieren, el trabajo será muy sencillo; si, por el contrario, no colaboran, lo tendrás complicado;

b. Elabora un folleto sobre las empresas familiares en general y en el que se toquen los temas más importantes, como problemas específicos de las empresas familiares, conflictos familiares, dificultades, profesionalidad de estas empresas, cómo hacer la sucesión, etc. Además de facilitarles muchas ideas, se darán cuenta de que en todos los sitios ocurren cosas, unas agradables y otras no tanto. No es necesario que lo trabajes demasiado. Basta con que lo copies de algún libro sobre este tipo de empresas. Hay muchos y muy buenos. Luego te doy los títulos de dos o tres, que podrás sacar de la biblioteca de la Facultad;

c. Exprésales con claridad que cuanto recibas de cada uno será tratado por ti de modo totalmente confidencial y sólo será utilizado profesionalmente por ti. No es que dudes de que exista una confianza plena entre vosotros, sino que buscas que todos se expresen con libertad plena y sin miedo a provocar risas o comentarios ofensivos o malas interpretaciones. Diles que todas las ocurrencias, hasta las más peregrinas, son para ti de enorme ayuda. Importa mucho que no se queden con nada dentro;

d. Sería necesario, al principio, tener reuniones, semanales o quincenales, con cada uno según estimes necesario, en las que trataréis lo que sea necesario;

e. De las notas que vayas tomando y de lo que hayáis leído, aparecerán una serie de temas que son importantes para vosotros. Escríbelos y sácalos en las reuniones individuales que tengas con cada uno. Ya sabes, una especie de "brainstorming" o lluvia de ideas;

f. Cuando consideres un tema maduro, coméntalo en una reunión de todos y, si hay acuerdo, pasa a la siguiente fase de redactarlo por escrito para formar parte de las "reglas de juego" que queréis establecer;

g. Cuando se hayan tratado todos los temas a nivel individual y colectivo; y redactado las "reglas de juego", es el momento de darles un repaso entre todos y firmarlas ante notario. Esta firma tiene un valor jurídico limitado, pero el compromiso moral que significa es indudable;

h. No olvides que, salvo casos muy extremos, en las empresas familiares no sirven las mayorías. Hay que buscar siempre el consenso;

i. Si todos colaboráis para que las personas que se quieren de verdad y están unidas por vínculos de sangre, puedan trabajar juntas, habréis hecho algo extraordinario.

Después de este resumen, Ana añadió:

-Quiero entregaros una copia de los anteriores comentarios de la Profesora. Asimismo, como complemento de la Primera Parte, os doy un folleto, cuya lectura nos va a ayudar a todos, y especialmente a mí, a realizar esta tarea. Es importante que lo leáis y lo trabajéis.

Nacho interrumpió a Ana para hacer una pregunta:

-¿De qué tratan estos documentos, Ana?

Ella contestó:

-Como podréis comprobar, en estos documentos se trata todo lo fundamental de una empresa familiar, es decir, qué es una empresa familiar y qué cosas hay que hacer para que tenga éxito y perdure por generaciones, el proceso de sucesión, los conflictos, las relaciones entre la familia y la empresa, etc. Además de que todos aprenderemos, estoy convencida de que nos permitirá entender todos lo mismo cuando usemos ciertas palabras y conceptos.

Ana explicó que el trabajo que tenían en las próximas dos semanas, hasta la próxima reunión, era una responsabilidad de todos: el estudio de los primeros cinco capítulos del folleto que ella les acaba de entregar.

-Nos reuniremos de nuevo para terminar de comentar el folleto -afirmó Ana. Con el propósito de que todo os resulte más fácil he preparado un cuadro muy sencillo que iréis rellenando a medida que lo vayáis leyendo.

Esperanza intervino para agradecer a Ana el trabajo realizado:

-A casi nadie le gusta ceñirse a un esquema a la hora de realizar un trabajo, pero pienso que a todos nos ayudará mucho seguir al pie de la letra lo que Ana nos ha planteado. Un esfuerzo al principio hace todo luego más sencillo.

-Gracias, mamá -dijo Ana. Se trata de opinar libremente sobre lo que dice el texto. Es importante que todos nos sentamos libres de hacer cualquier comentario.

Por último, Ana ilustró que en esta primera etapa un objetivo fundamental era abrir las puertas a conocer aquellos temas en los que hay acuerdo, aquéllos en los que no lo hay y aquéllos en los que es necesario profundizar. Este punto es de enorme utilidad para realizar el trabajo previo al proyecto de empresa familiar que se

---

decidirá emprender. De todos modos, lo importante es que todos se expresen libremente, siguiendo el orden del cuadro que les comparto o, si lo prefieren, sin él.

Los padres de Ana empezaban a ver con más claridad el método a emplear para una buena realización de la tarea encomendada. Estaban orgullosos de ella y pidieron a sus hijos el mayor compromiso posible:

-Tenemos trabajo en las próximas semanas -intervino Ernesto. ¡Hagámoslo!

Ana era consciente de que debía preparar muy bien esa primera reunión colectiva que iba a tener lugar en dos semanas.

Quizá sería bueno que la reunión colectiva empezara con una intervención no demasiado formal. Por ejemplo, podría ser conveniente que rompiera a hablar alguien desinhibido y que no le importara decir cosas "especiales". Indudablemente, de todos, quien tenía este perfil era Nacho. "Hablaré con él y le diré lo mucho que podría ayudar a todos, si él era lo suficientemente valiente para decir todo lo que se le ocurriera por muy disparatado que pueda parecerle", se dijo a sí misma Ana. "Las buenas ideas siempre son un poco locas", pensó.

En los días sucesivos, Ana preparó la agenda de la reunión familiar. Después de Nacho, el orden para intervenir, que parecía más razonable, era el siguiente: mamá, papá, Loli y finalmente su hermano Ernesto. Con el objeto de ser eficaces, se le dejaría hablar a cada uno el tiempo que necesite, sin interrumpirle hasta que terminara de exponer. Después pediría a los demás que opinaran del tema lo más brevemente posible, ya que tendrían la ocasión de extenderse cuando le llegara su turno correspondiente.

Conocer las opiniones de todos sobre lo que afirmaba cada uno era mucho más importante que "sentar cátedra" sobre cada tema. De ahí que Ana sabía que era recomendable que ella hablara poco y escuchara mucho. Tenía claro que, para lograr un consenso, era necesario saber lo que realmente pensaba cada uno; y éste le parecía un buen camino. Como afirma un refrán milenario egipcio, "oír es precioso para el que escucha". Para Ana, era, además, algo vital.

Primera reunión colectiva

Ana comenzó exponiendo el contenido de la reunión, según la agenda que previamente les había adelantado. Dedicó unos minutos a tocar lo que podía resultar más complicado del folleto. Al finalizar y, sin pérdida de tiempo, le dio la palabra a su hermano Nacho. Este con una naturalidad sorprendente sacó el folleto, que se veía subrayado en rojo, y de su interior apareció el cuadro de ayuda, también con aspecto de haber sido trabajado. Sin más comenzó a leer:

Cuadro 12: *Aporte de Nacho en la 1ª reunión colectiva.*

TEMAS QUE ME HAN LLAMADO LA ATENCION	ACUERDO	RECHAZO	ACLARAR
¿Qué es más importante, las personas o ganar dinero?			X
No acabo de entender lo de la motivación intrínseca			
El trabajo es una forma de propiedad		X	
Mortalidad de las Empresas Familiares			X
No tengo claro lo de los grupos de intereses			X
Lo que se hable es secreto profesional para Ana			X

Fuente: Elaboración propia.

CAPÍTULO 3

Mientras Nacho iba leyendo sus anotaciones, algunos sonreían y más de uno pensaba que el peque ya no era tan peque. Una vez que hubo terminado, Ana pidió que a todos que opinaran sobre lo que habían escuchado y tomó abundantes notas.

A continuación, fueron exponiendo su trabajo todos los demás, por orden y siguiendo la misma dinámica relatada anteriormente. Hubo bastantes preguntas sobre varias partes del documento. Era sorprendente cómo tomaban cuerpo las preguntas de unos al escuchar las de otros. Ana llevaba todo muy estudiado, pero, tenía claro que, si surgía algo que no conocía suficientemente, lo diría sinceramente y retrasaría la aclaración para la siguiente reunión. Ella no era una especialista en empresas familiares, sino una persona en la que confiaba su familia y debía ser honesta y responsable con la tarea encomendada.

> *La vida es una aventura atrevida o nada en absoluto.*
>
> (Helen Keller)

Al terminar la reunión, Ana manifestó su alegría por lo que habían trabajado y les pedía un esfuerzo más para la segunda parte del folleto, que se comentaría en la próxima reunión dentro de dos semanas. Sólo le quedaba una pequeña sombra: la participación de su hermano Ernesto fue menos amplia y expresiva de lo que a ella le hubiera gustado. Ella sabía que, con su hermano, tenía ante sí la oportunidad de desafiarse a hacerlo mejor.

Ana recibió una copia de los cuadros expuestos por cada uno, a excepción de los padres, que hicieron uno conjunto. Esta información, unida a las notas que había ido tomando, le proporcionaban un material extraordinario para saber cómo podía ayudar más a sus padres y a cada uno de sus hermanos. Cada vez estaba más convencida de la utilidad de que todos estudiaran un mismo texto, ya que, de esta forma, se facilitaba una enormidad las posteriores discusiones. A veces, ella sentía el "vértigo" de la responsabilidad, pero, pensando en la siguiente reunión, lograba mantener la calma. Ella tenía muchas esperanzas en los frutos de la siguiente reunión. Su sentido del deber la llevaba a ocuparse del bienestar de las personas que dependían ahora de ella, porque le habían encargado la coordinación de la realización del protocolo.

El caso de Ana era un buen ejemplo de que el sentido de responsabilidad, tan importante en la vida y especialmente en las empresas familiares, es a veces una forma de altruismo, de dedicación generosa a los demás, que está por encima de un impulso inmediato y al margen de contar o no con el reconocimiento o felicitación de los demás. Quien es responsable, hace las cosas porque debe hacerlas, sin dejarse influir por nada más.

Es mejor viajar lleno de esperanza que viajar.

(Proverbio japonés)

Ya en Badajoz, nuestra protagonista aprovechó una tarde para leer de una tirada toda la información recogida. Tenía mucho interés en ver qué temas se habían mencionado, aquellos donde había claridad y cuáles, por el contrario, estaban más en el aire o presentaban dudas o posibles diferencias. Estos temas tenían que ser afrontados en la próxima reunión. Además, fruto de una lectura atenta del material recibido, Ana se dio cuenta de que debía profundizar más en lo referente a prioridades, fronteras y grupos de intereses en los que estaban inmersos sus padres, hermanos y ella misma. Por todo ello, la próxima reunión se presentaba muy interesante.

La segunda reunión

En el ámbito profesional, se busca que las reuniones sean siempre productivas. Como el tiempo es escaso y las tareas innumerables, no es aceptable organizar encuentros inútiles o infecundos. En el caso de las reuniones para la realización de un protocolo familiar, junto a la productividad que se concretará en decisiones y acuerdos, hay que buscar de manera prioritaria otro elemento de vital importancia: fortalecer el proyecto de familia empresaria, cuidando la armonía, los valores, no sólo los objetivos del proyecto empresarial. La comunicación, contar con espacios de diálogo de calidad, es esencial para el éxito de cualquier proyecto que involucra personas.

La segunda reunión colectiva liderada por Ana se desarrolló más o menos como la primera. El guion consistía en que cada uno leía y comentaba su cuadro. Por su interés didáctico, se transcribe aquí el aporte de su hermano Ernesto:

Cuadro 13: *Ernesto (h) 2ª reunión.*

TEMAS QUE ME HAN LLAMADO LA ATENCION	ACUERDO	RECHAZO	ACLARAR
La Empresa Familiar es un legado			X
Doble prioridad de la Familia y de la empresa		X	
La motivación extrínseca es la más importante	X		
Mortalidad de las Empresas Familiares			X
Equilibrio y armonía			X
Unidad de mando fuerte	X		
Consenso		X	

Fuente: Elaboración propia.

Ernesto (h) había escrito mucho más que el primer día y había planteado dudas importantes. Este cuadro, al igual que el del primer día, debía ser estudiado a fondo para trabajar con él en las reuniones individuales. Ana intentaría hacerle preguntas que le indujeran a hablar todo lo más posible. En efecto, es común que las personas necesiten tiempo para tomar conciencia de algunos temas, "caer en la cuenta" de algo o, incluso, atreverse a plantear algún punto o preocupación. Por eso, es recomendable, para el éxito del Protocolo, que quien lidera el proceso vuelva a hablar con los participantes e intente que ellos profundicen en los temas planteados.

Una de las recomendaciones básicas de las reuniones efectivas es que se lleve registro de su contenido en un acta o documento similar. Ana cumplía con este requisito con responsabilidad. Para ordenar el trabajo de las primeras dos reuniones colectivas, Ana fundió en uno todos los cuadros que le habían entregado sus padres y sus hermanos. De este modo tendría una visión global y una guía para las conversaciones individuales con cada uno.

Cuadro 14: *Resumen aportaciones de todos los familiares*

TEMAS A DESTACAR	PAPÁ	MAMÁ	ERNESTO (H)	LOLI	NACHO
Propósito de la Empresa: Ganar dinero	A	A	A	A	A
Propósito de la Empresa: Dar trabajo a la familia	A	A	D	¿?	A
Propósito de la Empresa: Satisfacer necesidades y generar riqueza	A	¿?	¿?	¿?	¿?
El dinero no basta para motivar	A	A	D	¿?	¿?

CAPÍTULO 3

TEMAS A DESTACAR	PAPÁ	MAMÁ	ERNESTO (H)	LOLI	NACHO
La empresa Familiar es un legado	A	A	¿?	A	¿?
Hay que cuidar los intereses de todos los grupos	A	A	¿?	A	A
Tanto la Familia como la Empresa son prioridad	A	A	¿?	A	A
Se necesitan fronteras entre Familia, Empresa y Propiedad	A	¿?	A	A	¿?
El compromiso y la unidad son fundamentales	A	D	A	A	A
Retribuir a familiares de acuerdo al mercado	D	D	D	¿?	¿?
Niveles de gestión según capacidades y confianza	A	A	¿?	A	¿?
Superar celos y rivalidad entre hermanos	A	A	A	A	A
Tratar igual a familiares y no familiares	¿?	¿?	D	¿?	¿?
Ante distorsiones graves y continuadas fuera de la empresa	¿?	¿?	A	A	A
Pueden entrar los familiares políticos	D	¿?	D	¿?	¿?

A = Acuerdo; D = Desacuerdo; ¿? = No lo sé

Fuente: Elaboración propia.

De las primeras reuniones, Ana tuvo la impresión de que el trayecto hacia el consenso iba a ser largo y que es posible que su hermano Ernesto necesite más diálogo y, sobre todo, ser escuchado con total empatía. En todo caso, confiaba en él y estaba convencida de que aportaría cosas muy importantes al proyecto. Concretamente, ella destacaba en él una manera de ver las cosas diferente, que ayudaría a todos a ser más realistas. "Esperemos que nadie se descuelgue por el camino", rezó Ana.

Basándose en todas las conversaciones y en las anotaciones realizadas Ana estaba convencida de que era fundamental el consenso en los siguientes temas:

1. Los empleados familiares no deben tener privilegios sobre los que no lo son. Los cargos se conseguirán por capacidad y no por nepotismo.

2. Para que nuestro negocio sea rentable ha de tener a buenos profesionales.

3. Las remuneraciones deben hacerse según la aportación que cada persona hace a la empresa.

4. A los miembros de la familia se les facilitará en lo posible todo lo que necesiten para formarse bien y ser unos buenos profesionales.

5. Qué se debe exigir para trabajar en Ibéricos Plasencia.

6. Cuáles serían las causas para rescindir el contrato a un empleado.

7. Qué es lo que nos diferencia de otras empresas del sector.

8. ¿Cuáles serían las causas para pedir a un familiar que se separe de la empresa familiar?

9. ¿Deben tener sitio en la empresa familiar los familiares políticos?

10. Los celos y las rivalidades entre familiares son siempre graves y rompen la unidad de la empresa.

11. ¿Deben castigarse las actitudes y actuaciones impropias de personas responsables, que dañen el buen nombre de la empresa?

12. ¿Consideramos la empresa familiar como un legado a incrementar?

13. ¿Qué requisitos ha de cumplir el familiar que quiera trabajar en la empresa familiar?

14. La mejora en profesionalidad será siempre continua. No podemos estancarnos, ya que la competencia nos sacaría del mercado.

15. Manteniendo nuestras fortalezas, ¿debemos estar abiertos a la innovación y al cambio?

Como es lógico, no todos los temas iban a tener la misma dificultad de consenso. En todo caso, hacía bien Ana en poner orden y dar importancia a cada uno de ellos porque, en nuestra experiencia, a veces el tema menos pensado acaba siendo "la piedra en el zapato", lo que desencadena un malestar en cadena que acaba dañando el proceso.

La carta de Ana

Después de hacer la lista de los temas objeto de debate y consenso, Ana escribió a los miembros de su familia una carta individual, adjuntando la anterior relación de los 15 temas mencionados. Los términos de su escrito fueron los siguientes:

"Querida familia:

Os adjunto una relación de 15 temas, sacados de las reuniones que hemos tenido. Ellos serán el contenido principal de las reuniones que vais a seguir teniendo cada uno de vosotros conmigo, aunque la primera reunión la dediquemos a comentar todo lo que hemos vivido y hablado en estas semanas.

Sería muy útil que penséis sobre ello hasta que lleguemos al final del camino con unas reglas de juego, que nos permitan ver un futuro exitoso para nuestra empresa. Como podréis ver, ahora empieza el trabajo más duro y más interesante.

Os quiere,

Ana"

Las reuniones individuales

Mientras se preparaba el desayuno, Ana recordó las palabras de un profesor de la universidad: "El liderazgo es la transmisión de una creencia. Lo que diferencia el éxito del fracaso es, en la mayoría de las veces, las creencias". ¿Cuáles son las creencias más fuertes que mi familia?, se preguntó Ana. En todo caso, como aprendió del profesor, los grandes líderes comparten su visión e inspiran a otros para que crean en ella. Esto debía hacer en la siguiente reunión.

CAPÍTULO 3

Ana pensó que debía elegir un lugar tranquilo, cómodo y silencioso para que las conversaciones se desarrollaran adecuadamente. Recordaba que, cuando sus padres querían hablar algo importante con ella y sus hermanos, siempre elegían el salón de la casa, un lugar señorial, con una enorme librería y un piso muy bello de mosaico. Definitivamente, el salón reunía las condiciones, no sólo por su comodidad e intimidad al estar aislado del resto de la casa, sino también porque era un espacio lleno de recuerdos de familia muy bien elegidos. En todo caso, Ana dio a cada uno la libertad de elegir otro lugar, si lo preferían.

Reunión con Nacho

Ana se quedó gratamente sorprendida cuando vio aparecer a Nacho con el material que habían elaborado y trabajado en las reuniones previas. Además de subrayado, se veía con palabras escritas a mano en los espacios en blanco.

-Hola Nacho, por lo que veo has trabajado.

-Sí. Lo he leído varias veces, pero hay cosas que no entiendo y que me gustaría que me expliques.

-Por supuesto. Vamos a ver, empieza por donde quieras, tienes la palabra.

-Te leo todo lo que puse en el cuadro y algunas cosas más que he añadido y luego tú me vas comentando:

- ¿De veras no vas a decir a nadie, ni a papá ni a mamá, ni a Ernesto todo lo que te digamos los hermanos?

- Yo no tengo ni idea de todo esto. Me gustaría ayudar, pero no sé cómo.

- ¿Por qué es necesario establecer unas reglas de juego? Creo que entre hermanos no es necesario. Siempre se va a hacer lo que los papás y Ernesto digan.

- No estoy de acuerdo con que se trate igual a los de la familia que a los extraños. El negocio es nuestro.

- Entiendo que cuanto mejores son los empleados, mejor irá el negocio.

- No me parece justo que el ser de la familia no se tenga en cuenta a la hora de cobrar.

- Para trabajar en nuestra empresa hay que ser trabajador y honrado. ¿Por qué destacas estos puntos?

- A los vagos y ladrones hay que echarlos. ¿Y si somos alguno de la familia?

- Nos diferencia de los demás que nuestros embutidos son de mejor calidad y gustan más.

- No se me ocurren cosas como a ti. Me resulta aún más complicado que las "mates" del colegio.

Ana escuchó atentamente a su hermano y después de una pausa, tomó la palabra:

-Nacho, me alegra mucho tu trabajo. No te imaginas cómo me estás ayudando. Voy a intentar hablarte de todo lo que me has comentado. Si me olvido de algo, me lo recuerdas, ¿sí?

CAPÍTULO 3

-Dale, contestó Nacho. Entonces Ana empezó a comentar punto por punto las observaciones hechas por su hermano.

Confidencialidad de las conversaciones	No comentaré ni a papá ni a mamá, ni a nadie, lo que hable con cada uno de vosotros. Sabes que no miento. Debe ser así, pues de ese modo podéis expresaros con mayor tranquilidad. Ahora bien, si tú lo deseas, puedes comentar con alguien de la familia lo que quieras; tú sí, pero yo no.
Necesidad de las reglas de juego en la familia	Son necesarias unas reglas de juego. ¿Ves posible un partido de fútbol sin unas reglas de juego y que cada uno actúe como le apetezca? Además, las relaciones entre padres y hermanos es una de las cosas más importantes de la vida y no podemos arriesgarnos a estropearlas, porque no existan unas reglas de juego, que todos establezcamos y que todos respetemos.
Igualdad en el trato de los asuntos profesionales	El negocio es nuestro y los beneficios que se obtengan del mismo serán en la mayor parte para la familia, pero como empleados todos han de cobrar según su contribución al negocio. Si actuáramos de otro modo, los familiares nos atocinaríamos y los no familiares se desanimarían por considerar que son injustamente tratados, propiciando que los buenos empleados se vayan a la primera oportunidad que tuvieran. Es conveniente evitar comportamientos que produzcan que sólo se quieran quedar los menos buenos. A nadie le gusta enriquecer a otros a costa de su trabajo y esfuerzo, a no ser que sea tratado de un modo justo.
Necesidad de la laboriosidad y la honradez	Ser trabajador y honrado es fundamental para trabajar en Ibéricos Quesada, pero, además, necesitamos gente que conozca muy bien nuestro negocio y trate muy bien a los clientes. Sólo de este modo la gente seguirá queriendo comprar nuestros productos. Piensa, Nacho, que sin clientes tendríamos que cerrar. Por eso hay que cuidarlos siempre.

El sentido de responsabilidad y la ética son innegociables	Si alguien de la familia es vago o ladrón, habrá que ayudarle con todas nuestras fuerzas para que supere estas limitaciones, pero la ayuda debe ser prestada fuera de la empresa. Si está dentro, sería como una manzana dañada, que acabaría contagiando a las que estén próximas, aunque sólo sea por su mal ejemplo. Esto es duro sólo de pensar, sí, pero, si no actuamos así, se corre el riesgo de que no haya empresa en el futuro y sí ruina, o quizá, con suerte, siga la empresa, pero con un clima insoportable.
Lo que nos diferencia	La calidad es nuestra ventaja competitiva. Lo que nos diferencia pasa a ser un elemento clave de la estrategia.
Dificultad del proceso	No te preocupes, Nacho. Cualquier cosa que se te ocurra sobre los papeles que entregué, sobre vuestro trabajo y sobre lo que hemos tratado hoy, anótalo en un papel, como has hecho ahora y lo comentamos en la próxima reunión.

Nacho lo sabía muy bien. Era consciente de que la conversación había sido productiva. Había visto de primera mano que "hablando se entiende la gente", como dice el refrán. Mientras salía del salón de sus papás, Ana sonreía y se sentía feliz de la espontaneidad de su hermano. Todos debían estar atentos para que fuera madurando cada día más. ¿Qué sería de él dentro de seis o siete años? Ha sido muy refrescante empezar con él las conversaciones. Respecto a los temas hablados, Nacho había ido asintiendo y parecía convencido. Sería cuestión de insistir alguna vez más.

Reunión con Esperanza

-¡Ay, hija! En menudo lío te hemos metido. ¿Sigues todavía dispuesta a seguir?

CAPÍTULO 3

-¡Mamá! ¡Me llena de ilusión hacerlo! Sabes que las cosas difíciles me motivan. No te enfades por lo que te voy a decir, pero en lugar de pensar en mí, piensa en que sois vosotros los que más debéis trabajar pensando, practicando y dando ejemplo.

-Llevas razón, hija. ¿Te leo lo que he pensado y escrito?

-Adelante.

- Me parece muy bien que haya unas reglas de modo que cada uno sepa a qué atenerse, pero me preocupan mucho las confrontaciones.

- Me cuesta aceptar que se dé el mismo trato a familiares y no familiares dentro de la empresa. No olvides que la empresa es fruto del esfuerzo de tu padre.

- Me parece muy bien que a los familiares se les ayude de un modo especial a ser mejores profesionales cada día.

- Me preocupa también cómo se distribuyen las funciones dentro de la empresa. Me resultaría complicado ver que Dolores o tú estuvierais recibiendo órdenes de un extraño.

Ana conocía muy bien a su madre y valoró mucho los comentarios que en confianza le hizo. Este proceso, y los temas que iban saliendo a lo largo de él, confirmaban una de las leyes más irrefutables del liderazgo: creencias positivas llevan a actos positivos y el líder debe desprender optimismo, aun en medio de la tormenta más tremenda, si quiere contagiar a su equipo de la energía adecuada para lograr que den su mejor respuesta.

-Mamá, antes que nada, no has comentado nada de mi hermano Ernesto. ¿Has hablado con él? Es muy importante que este proyecto le ilusione y no sirva para crearle inseguridad.

-Sí, he hablado con él y he percibido más inquietud que ilusión -respondió Esperanza. Es más, en algún momento, me dijo que no veía claro que el negocio diera para tanto. Dejé así el tema para comentarlo con papá.

-Entiendo -intervino Ana. ¿Qué crees que puede estar pensando o sintiendo Ernesto?

-Me parece que no le guste que, mientras todos estudiaban, él era el único que había estado al pie del cañón junto a papá. No sé cómo enfocarlo. Por una parte, está claro que él ha colaborado en el negocio más que ninguno, pero, por otro, si él no ha estudiado como los demás es porque no ha querido. Además, desde el principio ha tenido un sueldo importante, incluso diría que generoso. Creía que todo iba a ser más sencillo con él.

Ana miró fijamente a su madre y, con optimismo, intentó dar tranquilidad a su madre:

-No te preocupes, mamá. Todos los hermanos nos queremos mucho y este tema no nos va a separar. Más bien nos va a hacer crecer y evolucionar.

Ana repasó rápidamente sus apuntes y prosiguió:

-Con relación a lo que me has comentado antes, lo que buscamos es hacer una empresa importante, que cada vez sea más valorada en el mercado y, que, como consecuencia, toda la familia tenga los medios necesarios para llevar una vida digna, holgada y, a ser posible, que nos sobre algo de dinero. Tú sabes, por experiencia, que esto no es nada fácil y, por tanto, habremos de adaptarnos a lo que la empresa nos exija.

Ana ha pensado mucho en estos meses y ha analizado las posibles capacidades y talentos de sus hermanos y los suyos propios. El gran reto que se le presenta no es coordinar las conversaciones y llegar a un consenso que nos ayude a ser mejor empresa. Es algo más importante: se trata de que todos se ocupen, especialmente los padres, de ofrecer a todos los hermanos la oportunidad de trabajar en algo propio, respetando y ayudando a quien prefiera seguir su vida profesional por otros derroteros. Sólo así podrán ver felices a todos sus hijos y sentar bases sólidas para la armonía familiar.

-Mamá, ahora voy a darte mis ideas sobre todo lo que me has dicho -continúo Ana. Te pido que no pienses que yo necesariamente tengo razón en lo que te diga. Estamos iniciando un diálogo cuyo destino es un consenso que no será exactamente lo que cada uno de nosotros haya dicho inicialmente sino una construcción de equipo.

Manejo de conflictos y dificultades	Ciertas confrontaciones siempre vamos a tener y eso no es importante, si tenemos claro lo que es realmente relevante en una familia empresaria. La finalidad de todo el trabajo que estamos realizando es que no se produzca sangre en los conflictos que inevitablemente se van a presentar, sino que los superemos en aras de una gran empresa y una estupenda familia, como nos habéis enseñado.
	Es más, a medida que vayamos superando las dificultades la relación entre hermanos y con vosotros se irá fortaleciendo. Tú también habrás tenido tus más y tus menos con papá y mira lo unidos que estáis.

Igualdad en el trato entre familiares y no familiares en la empresa	No olvido que el negocio es nuestro y que, por tanto, los beneficios que se obtengan del mismo deben ser principalmente para la familia. Pero, como empleados, todos hemos de cobrar de acuerdo a lo que aportemos al negocio con criterios de mercado, no arbitrarios. Si actuáramos de otro modo, los familiares nos adormeceríamos sabiendo que lo tenemos todo asegurado y los no familiares se desanimarían por considerar que son injustamente tratados. De este modo, los buenos empleados se irían, a veces a la competencia, a la primera que pudieran y sólo se quedarían en nuestra empresa los menos buenos. Esto sí que sería ruinoso para nosotros. De todos modos, sigamos pensando este tema y lo comentamos en la siguiente conversación. No es fácil distribuir las funciones. Ya lo iremos haciendo poco a poco. Las empresas logran ser competitivas cuando tienen personas con los talentos y las fortalezas que requiere el negocio. Procuraremos que la tarea se adapte lo más posible a los talentos que cada uno ha recibido y desarrollado. Quién manda a quién es un tema menos importante. Mandar a otros es una responsabilidad, una carga y nunca un regalo. Obedecer es en muchas ocasiones más relajado que mandar. Mira, a mí no me importa recibir órdenes de mi Jefe en la Cámara, pues me explica los "porqués" y la conveniencia de hacer lo que me pide. Además, me permite, aportar mis ideas. Ni te imaginas cómo se aprende.
Ayuda a familiares	Es natural y de justicia que se ayude a los familiares a que sean mejores profesionales a través de un plan de carrera serio y riguroso. Por lo general, es recomendable que esta ayuda se impulse desde la familia y, cuando sea posible, también desde la empresa, pero sin caer en agravios comparativos.

-Mamá, me alegro mucho de haber hablado contigo todo esto. Todo lo que me dices me ayuda en mi trabajo. Especialmente te pido que seas muy crítica con todo aquello que pueda dañar las relaciones familiares. Ninguno tenemos tu sensibilidad en este tema.

CAPÍTULO 3

-Cuenta con ello, hija -prometió Esperanza. Se nos ha pasado el tiempo sin enterarnos y tu papá lleva un rato esperando...

Madre e hija se despidieron con un abrazo contundente.

Reunión con Ernesto

-Hola papá. Tenía muchos deseos de hablar contigo. No conozco apenas nuestro negocio y he de aprender mucho de ti...

Ernesto interrumpió a su hija:

-Lo primero que tienes que aprender es que la gripe no es lo único que puede contagiarse en la empresa. Las emociones son contagiosas. Es importante que todos nos esforcemos por ser agradecidos y tener las emociones adecuadas que realmente sirven para nuestros objetivos: hacer empresa y contar siempre con una sólida armonía familiar. Cultivar el agradecimiento es fundamental. La Abuela decía: "Agradece la gota que derramó el vaso, es la semilla de cambio que necesitabas". Si tenemos la mirada limpia, siempre encontraremos un motivo para agradecer y para saber ceder por el bien de la empresa y de la familia.

Ana se quedó pensando y su padre aprovechó para añadir algo:

-Me siento como si volviera a ir a la escuela. Me siento muy bien por el camino que has elegido. Has tenido muy buena idea en visitar a esa Profesora de Empresa Familiar. Nos va a ayudar a evitar muchos errores. No será la última vez que debas hablar con ella. Si estimas que hay que tener algún detalle con ella, algún obsequio o, reconocerle unos honorarios por el tiempo que te ha dedicado, dinos con confianza. Si te parece, entramos en materia y te comento lo que pienso:

- Me parece muy bien que seas tú la que recoja la información y opiniones de todos y, sobre todo, que lo consideres como un secreto profesional. Eso va a evitar muchos roces o malentendidos en la familia.

- Muy interesante es el folleto que hemos estado trabajando. Lo tendré cerca, pues creo que necesito algo más que leerlo.

- Me gusta muchísimo que mantengas reuniones individuales hasta que veas que llegamos a un acuerdo. Discutir los temas cuando están lejos nuestros modos de pensar no conduce a nada.

- Me comprometo desde ya a no imponer mi modo de pensar y a respetar los consensos que hayamos alcanzado. Si me salgo del guion, bastará con que me digáis papááááá y volveré al camino.

- Si logramos el objetivo que buscamos, me voy a quitar un gran peso de encima.

- Respecto a tratar igual a los de la familia y a los que no lo son, aunque todos te digamos que estamos de acuerdo, a la hora de la verdad habrá que estar muy atentos, yo el primero. Lo mismo te digo, cuando tratemos temas de sueldos y otras remuneraciones, así como cargos en la empresa. Lo he vivido con tu hermano y cuesta sangre cuando tomas decisiones que duelen.

- Debemos apoyar la formación de todos los empleados, pero especialmente y con mayor esfuerzo la tuya y la de tus hermanos.

- Me gustaría que preveas el hecho de que alguno de vosotros se canse y quiera buscarse la vida de otro modo. A ése habrá que ayudarle y darle los medios a nuestro alcance para que vaya adelante.

- Hay que tener a los mejores empleados, pero han de ser los mejores en el puesto que estén. En nuestra empresa no caben muchos mandando. Por eso pienso que necesitamos tener las personas convenientes para nuestras necesidades. Nuestra jaula es y será pequeña o al menos no grande. Muchos gallos y pocos trabajadores nos pueden llevar a la ruina. Trabaja y asesórate también en este tema.

- Hemos de cuidar mucho a tu hermano Ernesto. Hasta ahora sólo él ha estado a mi lado y puede pensar que se le está moviendo el suelo. Lo veo algo inquieto. Vale mucho y es fundamental para la buena marcha de nuestra empresa, tanto en el momento actual como para el futuro.

- Sobre algún otro tema que ha quedado en el tintero, quiero pensarlo con más detenimiento.

CAPÍTULO 3

Ana se sintió embargada por la creencia de que era la hija más afortunada del mundo y que con un "Jefe" ninguna misión es imposible. Tomó la palabra para agradecer a su padre los comentarios mencionados:

-Papá, todos tenemos en el foco de nuestra mirada, pues todos hemos de aprender mucho de ti. ¡Gracias por tu apoyo y por tu modo de ver las cosas! De los temas que has comentado, te comparto mi punto de vista:

- Respecto al modo de tratar a los colaboradores, soy consciente de la dificultad de asimilar que hemos de tratar de igual modo a los familiares y a los que no son de la familia. A pesar de la dificultad, creo que merece la pena que lo intentemos. Todo el mundo en la empresa se sentirá más valorado y respetado y, desde luego, estará más motivado.

- Sí, hemos de valorar lo que mi hermano Ernesto ha hecho y aprovechar su experiencia y ejemplo de trabajo, para que marque pautas a todos los demás, empezando por mí. Con todo el cariño y delicadeza hemos de ver sus fortalezas y utilizarlas todas; y, también, que no asuma responsabilidades que no van con su modo de ser, como las ventas o apertura de mercados. He pensado mucho en él y mi idea es intentar tener una comunicación sincera sobre cómo sería su futuro, si no hiciéramos nada y cómo puede ser, si trabajamos unidos en este proyecto. Confío mucho en él y en mis demás hermanos.

- Aún no tengo una idea clara de los cargos que vamos a necesitar. El día a día de la empresa y sobre todo su crecimiento nos lo irá marcando. Por ahora, hemos de pensar más bien en las funciones a realizar, olvidándonos de entrada de "quién manda en quién". Me viene a la cabeza la utilidad de un Comité de Dirección, que presidas tú y/o mi hermano, donde se tomen las decisiones importantes y las que afecten a varias áreas de la empresa. A medida que madure esta idea, te la iré comentando.

Padre e hija se despidieron con un fuerte abrazo.

A pesar de su juventud y de su alta capacidad de trabajo, Ana se sentía cansada. Nunca había experimentado que unas "simples" conversaciones pudieran agotar tanto. Necesitaba un baño de agua caliente, sin prisas, para volver a sentirse como nueva. En la noche había quedado en salir con Marta y Ernesto y antes tenía que responder unas llamadas y correos. "Me apetece tomar unas copas con mis hermanos", pensaba, "no es algo que se dé con frecuencia". A la mañana siguiente, seguirían las conversaciones, primero con Loli y a última hora de la mañana con Ernesto.

Reunión con Loli

Ana llegó con tiempo para poder tomarse un café en la cocina que tan buenos recuerdos le traía. Unos minutos antes de la hora acordada, apareció Loli y se unió al café matutino, que acompañó con un "pestiño", un dulce típico de la región.

-Hola, hermanita, buenos días... ¿Qué tal lo pasaste anoche?

-Seguro que mejor que tú. Me parece que no desconectaste y seguiste trabajando con nuestro hermano -dijo Loli en broma.

CAPÍTULO 3

Las dos se rieron y recordaron que habían pasado un rato muy agradable en Zulu, un lugar con tres ambientes -restaurante, lounge y terraza- situado en el último piso de un edificio, un local que estaba de moda en la ciudad.

Después de intercambiar algunas anécdotas, antes de dar paso a los temas de la empresa familiar, las dos hermanas decidieron ir al salón para tener la conversación sin riesgo de interrupciones.

-La verdad es que lo pasé muy bien -continuó Ana. Con Ernesto hablé mucho pero no tocamos temas del negocio para nada. Sin embargo, lo mejor de la noche fue comprobar que Marta me gusta cada día más como futura cuñada. Se complementa muy bien con Ernesto.

Loli asintió:

-A mí siempre me ha gustado, lo sabes bien.

-Bueno, hermana, vamos a trabajar. ¿Has podido pensar sobre lo que hemos hecho?

-Sí -respondió Loli. Me parece algo muy importante para todos. Aunque tengo mucho tiempo por delante, no quiero ser una mera espectadora. Te leo lo que fui anotando a ratos.

A continuación, Loli empezó a leer la pantalla de su teléfono. En resumen, dijo lo siguiente:

- De entrada, me parece que un cierto orden en las relaciones empresa/familia es fundamental. Hasta ahora, al menos para mí, ha sido un asunto de papá, de nuestro hermano y algo de mamá. He visto el negocio desde cierta distancia y como algo extraño.

- Sinceramente, lo primero que he hecho ha sido pensar en cómo me afecta a mí y a mi futuro todo esto.

- Creo que puedo ser útil. La idea de trabajar algún día con mis hermanos me gusta y también pensar que los conocimientos que adquiera sobre animales y especialmente sobre alimentos pueden ser aprovechados por todos desde el primer día.

- Aunque no sé todavía cómo, pienso que tendré que ir modificando algo mis proyectos, sobre todo en el campo de las especificaciones. Los postgrados que tengo en mente pueden ser adaptados a las necesidades del negocio familiar.

- En nuestra familia nos queremos mucho y nos llevamos muy bien. Me da un poco de miedo que nos ocurra lo de a otras, que acaban "tirándose los trastos".

- •Me parece excelente que cada uno tengamos que ganarnos nuestro sueldo a base de trabajo y profesionalidad y no por ser "hijos de papá". En la Universidad se les ve a éstos desde lejos y dan un poco de pena.

- •También es importante que incentivemos la profesionalización, especialmente la nuestra. En la Facultad, nos dieron una conferencia sobre "Los siete hábitos de las personas altamente efectivas", de Stephen Covey. Me sorprendió la importancia que dieron al séptimo hábito, al que llamaban "afilar la sierra" y que significaba "buscar la formación continua para estar en buena forma profesional". Me gustó especialmente una frase: "el mundo evoluciona muy rápido y no podemos quedarnos como bobos viendo cómo se aleja".

- Entiendo que el negocio familiar no debe dar cabida a vagos, si queremos que vaya bien; si son de la familia, con mayor razón. Imagina el ejemplo que daríamos a Nacho.

CAPÍTULO 3

Ana tomó algunas notas mientras escuchaba a su hermana sin interrumpirla. Después de unos segundos de silencio, Ana intervino:

-Aunque tienes un tiempito por delante, me gustaría pedirte algo, que puede ayudarte en tus estudios y a la empresa familiar, si decides incorporarte. Es algo que aprendí de un mentor que tuve en la universidad.

-Dime, hermana -dijo Loli, en un tono de voz que significaba "confío plenamente en ti".

-Independientemente de si sacamos o no adelante este proyecto, me gustaría que prestes atención a tres cosas:

Que pongas una proyección práctica a todo cuanto estudies. Imagínate que ya trabajas en el negocio y has de aplicar lo que estudias. Se te plantearán bastantes preguntas y sobre todo irás buscando y encontrando respuestas.

Que aproveches parte de tus vacaciones para colaborar en la empresa familiar. Así, le tomarás mejor el pulso.

Que tomes muchas notas de lo que piensas, estudias o lees, sobre todo de aquello que esté de algún modo relacionado con la empresa, tanto si se trata de algo positivo, como negativo. Lastimosamente se ha perdido la tradición llevar un diario o bitácora, pero son de verdad muy útiles. Hay aplicaciones que puedes descargar en el teléfono que te puede ser de gran ayuda.

Que busques y elijas un mentor que te acompañe, que te transfiera su experiencia y conocimiento y, sobre todo, que te inspire a tomar las mejores decisiones. Todos saldremos ganando si tienes a alguien externo que te incentiva a superarte.

Después de esclarecer lo que pensaba Loli de los temas más sensibles que los otros miembros familiares comentaron, especialmente el de la igualdad entre familiares y no familiares y las ayudas a familiares y cómo medir los méritos de unos y de otros, Ana comentó a su hermana:

-Creo que ya tienes tarea extra hasta que volvamos a vernos dentro de dos semanas. Cuantas más cosas puedas traer por escrito, mejor, así me facilitas el trabajo que debo hacer luego. ¡Gracias, Loli!

Reunión con Ernesto (hijo)

Mientras esperaba a su hermano Ernesto, Ana tenía sensaciones encontradas. Por una parte, era consciente de que ésta podía ser la conversación más importante y también la más complicada; pero, por otra, estaba convencida de las cualidades de su hermano y de la dinámica positiva que para él podía suponer este proyecto. No se trataba de venderle éste. Estaba convencida de que su hermano crecería más como persona y como profesional estando en el vagón de cabeza de este emprendimiento. Procuraría ser muy sincera, escucharle mucho y pedirle que explique con tranquilidad todo lo que pudiera llevar dentro.

-¡Hola hermano! Lo pasamos muy bien anoche. Me encanta Marta. No me extraña que ya tengas planes de boda. Es una mujer que no puedes dejar escapar.

-Estoy muy feliz, estamos muy felices. Me gusta que ella dé mucha importancia a mi trabajo y cuando he de dar el callo y dedicar más

CAPÍTULO 3

tiempo a la empresa, es siempre comprensiva. Además, es divertida e inteligente. Algunas veces, cuando yo empiezo a pensar algo, ella ya está de vuelta.

Ana apreció mucho este comentario y reiteró a su hermano el regalo que es tener a alguien en tu vida que te apoye en tus objetivos y necesidades. A continuación, manifestó a Ernesto los deseos que tenía de cambiar impresiones sobre el proyecto familiar.

-Apenas pudimos hablar en la reunión familiar de Zafra y me interesa mucho saber lo que piensas de todo esto y de todo lo que ha venido después -manifestó Ana.

-He trabajado todo con mucho interés -aclaró Ernesto. En primer lugar, este proyecto supone un cambio radical en todos nosotros, pero sobre todo en mí.

Ana pidió a su hermano que se explicara y que diera todos los detalles que pudiera. Ernesto continuó:

-En estos seis años la única persona que ha estado junto a papá y mamá en el negocio he sido yo. De modo inconsciente he llegado a pensar que a nadie más de la familia le interesaba. Como cada uno estaba volcado en sus estudios y tú en tu trabajo, veía este negocio como una salida natural para mí y para alguno de vosotros a quien pudiera no irle bien. Tú sabes que daría cualquier cosa, por más mía que fuera, para ayudar a salir a flote a un hermano.

-No me cabe la menor duda de lo que dices -observó Ana. También comprendo tu modo de pensar sobre el proyecto y el negocio. Puede ser una alternativa. Cuando nos hablaron los papás sobre la ilusión de trabajar todos juntos en algo importante creo que nos intentaron pedir un cambio de mentalidad. Se trataba de hacer algo grande en lo que pudiéramos darnos el gusto de trabajar todos aquellos hermanos a los que les pudiera apetecer. Y, Ernesto, este proyecto no es viable, si tú no lo ves. Aparte de tu experiencia y de tu capacidad de trabajo, eres la única persona que ha podido captar los conocimientos de papá sobre el negocio y su modo honesto de trabajar, que todo el mundo valora.

-Me parece sano que afrontemos ciertos temas. Me ha sorprendido positivamente recibir unas ideas que no buscan de ninguna manera orillarme sino todo lo contrario, partiendo del reconocimiento del pasado y de lo que es justo. ¿Te he entendido bien?

Ana percibió en su hermano una calma sincera a la vez que una posición firme en el hecho de que todo acuerdo debe partir del respeto a lo que es justo. Y contestó a su pregunta así:

-Desde luego, hermano. Lo has entendido perfectamente. Tanto los papás, como todos estamos pensando en ti y en poder ayudarte a que cada día lo hagas mejor y los resultados de nuestro negocio den para todos. Nadie aspiramos a dirigir la empresa. Ni para Loli ni para mí sería apetecible asumir tanta responsabilidad. Así que prepárate a llevar más carga sobre tus espaldas, pues la responsabilidad pesa. Me gustaría que pienses acerca de los temas sobre los que hemos trabajado estos días.

Ernesto tomó la palabra:

-Me cuesta entender la mayor parte de las cosas que comentas en el escrito. De algún modo pienso que, al ser algo familiar, la familia debe tener privilegios. Apenas he estudiado, pero con este proceso empiezo a comprender que hay que contar con otros criterios...

CAPÍTULO 3

-...Si queremos ser una empresa competitiva en el futuro, sí -aclaró Ana.

Ernesto prosiguió:

-Si voy a dirigir una empresa más grande, me interesa sentar buenas bases, contar con gente preparada y motivada. Sí creo que lo que estamos haciendo puede ayudar a ello y, aunque creo que será una buena experiencia, voy a necesitar ayudas.

-Veo que no eres tan lento de reflejos, como a veces dices -afirmó Ana. El otro día me acordé mucho de ti. La Cámara ha firmado un acuerdo con una importante Escuela de Negocios de Madrid, para que ésta imparta unos "Programas de Dirección" para personas con más experiencia empresarial que estudios. Este es tu caso, ¿no crees?

Ernesto asintió.

Ana comentó a su hermano que el mencionado programa estaba basado en la metodología del caso, y que era muy bueno para pensar, a analizar las situaciones que se presentan en una empresa y a tomar buenas decisiones basadas en criterios y sólo después de haber contemplado las distintas opciones.

-Si lo deseas, te mando el folleto -concluyó Ana. Creo que dura unos seis meses y se imparte los viernes de tarde y sábados de mañana.

Ernesto comentó en broma:

-Pensaba en preparar tranquilamente mi boda y veo que quieres complicarme más aún la vida... Dale, mándame la información, estoy convencido de que a Marta no le va a importar y a mí menos.

Terminada la reunión con su hermano Ernesto, Ana se sentía contenta. Había tomado abundantes notas y le esperaba mucho trabajo por realizar. Siguiendo un consejo que había recibido de su mentor, empezó a escribir de manera desordenada las primeras impresiones que le venían a la cabeza, como una lluvia de ideas en forma de tormenta por la rapidez que exigía el ejercicio:

- Vamos, bien, estoy contenta, mucho trabajo

- El protocolo es un desafío estratégico

- Estrategia: responder a las exigencias del presenta, liberarse del pasado para poder tener un futuro mejor

- Doble reto: descubrir determinantes del cambio y eliminar frenos

Ana iba tomando conciencia de algo que le había dicho su Profesora: el protocolo es una herramienta, pero sobre todo un reto estratégico, que implica vencer la resistencia al cambio, y que exige convertirse no sólo en una mejor empresa sino en mejores personas.

Al terminar de escribir, Ana cerró rápidamente su agenda y cambió de tercio. Llamó a unos amigos para quedar en "El Albero", bar donde siempre suelen reunirse los de su grupo para tomar un aperitivo. Antes de salir, dio un toque a su look. Después de verse con sus amigos y tomar unas tapas con un vermú, su plan era comer con sus padres y, lo antes posible, poner rumbo a Badajoz de nuevo.

Esperanza estaba un poco inquieta y se hizo la encontradiza con su hijo. Por la expresión de éste comprendió que su reunión con Ana había discurrido bien. Como madre, sentía más que nunca la necesidad de reunir a su familia alrededor de la mesa. Mandó un

CAPÍTULO 3

mensaje de whatsapp a su hijo: "He preparado unas cabezas de cordero de las que le gustan tanto a Marta. ¿Por qué no la invitas?". Al instante, recibió la respuesta:

-OK, mamá. Llegaremos a eso de las dos.

Esperanza tenía las ideas "muy claritas", según expresión de ella, con respecto a las nueras o yernos. A Marta la cuidaba como una hija más y cuando en su presencia discutían alguna vez Ernesto y ella procuraba no intervenir o darle siempre la razón a Marta cuando era un tema opinable, con la finalidad de entrenar a su hijo en el arte de ceder. Hasta ahora le iba bien este modo de actuar. Sin duda, es un arte saber ceder en lo trivial. Por eso el sabio Aristóteles sentenció: "El hombre bueno es propenso a ceder". Sólo en lo que se puede ceder.

Apenas se había alejado 20 kms. de Plasencia, Ana comenzó a realizar un *replay* del fin de semana. Todo había discurrido según lo deseado, pero simultáneamente por su mente se sucedían muchas ideas, de modo ininterrumpido:

- ¿Qué estarán pensando mis padres? ¿Serán conscientes de que se están metiendo en un camino de difícil retorno?

- ¿Será lo suficientemente atractivo el proyecto como para que Loli acabe implicándose a tope?

- Había visto en Ernesto (h) una gran nobleza y buena disposición, pero ¿sería capaz de tener la visión necesaria, para ir completando su formación y poder superar las dificultades que seguro iban a aparecer? A él le tocaría la parte más difícil y todos debíamos ayudarle.

- Estoy tomando un protagonismo del que inconscientemente me va a ser difícil apearme. Debo pensar a fondo, si debo implicarme en el día a día o bien mantenerme en la posición de asesora, manteniendo cierta distancia.

- ¿Debería dejar algún día mi trabajo actual en la Cámara o seré más útil no dependiendo de la empresa familiar?

Algunas de las preguntas que se hacía le generaban algo de preocupación. Como tenía la costumbre, sobre todo cuando viajaba, de hacer alguna oración, decidió decir una del Padre Pío que había aprendido en un taller de oración:

> ¡Oh Jesús mío!, que dijiste: "En verdad, les digo: pidan y se les dará; busquen y encontrarán; llamen y se les abrirá!".
>
> He aquí que, confiando en tus santas palabras, yo llamo, busco, y pido la gracia de que la empresa familiar continúe exitosamente en el tiempo.
>
> ¡Oh Jesús mío!, que dijiste: "En verdad les digo, pasarán los cielos y la tierra, pero mis palabras jamás pasarán".
>
> He ahí que yo, confiando en lo infalible de tus santas palabras pido la gracia de la armonía familiar.
>
> ¡Oh Jesús mío!, que dijiste: "En verdad les digo, todo lo que pidáis a mi Padre en mi Nombre, se les concederá".
>
> He ahí que yo, al Padre Eterno y en tu nombre, pido la gracia de llevar a feliz término este trabajo que me ha sido encomendado.
>
> Después de rezar un Padre Nuestro, un Avemaría y un Gloria, Ana recitó:
>
> Sagrado Corazón de Jesús, espero y confío Ti.

Ana estaba convencida de que lo primero era cumplir su compromiso con la familia y después "Dios dirá". Iba tan embebida con todos estos pensamientos que los 170 kms. que separan Plasencia

CAPÍTULO 3

de Badajoz pasaron de modo sorprendentemente rápido. Debía concentrarse ya en su trabajo, en los retos que tenía en la Cámara, en sus compañeros de trabajo, en el despertador, en las tareas que lleva la gestión de cualquier apartamento, en definitiva, en lo que era su vida diaria. Tenía que cambiar el "chip" y aparcar todo lo vivido en estos dos días.

Viernes de tarde

La semana transcurrió de manera positiva y sin particulares novedades. Casi sin darse cuenta, llegó el viernes. Ana comió algo ligero y se preparó un pequeño termo de café. Eran las cuatro de la tarde y estaba dispuesta a avanzar en su nueva tarea hasta que el cuerpo le aguantase. Este fin de semana no viajaría a Plasencia y tendría tiempo para hacer deporte, trabajar en las entrevistas, en el protocolo, para distraerse algo y descansar lo suficiente.

Empezó por leerse las notas que había tomado. Al mismo tiempo elaboró un cuadro de doble entrada en el que valoraba las intuiciones que tenía de la posición de cada familiar con relación a los temas que se habían tratado. Se propuso calificar de uno (1) a diez (10), tal y como le viniera a la mente a la primera, las reacciones de cada uno de su familia. Ya tendría tiempo de pensar.

Evidentemente esta evaluación era muy subjetiva, ya que se basaba sólo en una primera conversación y en algunas actitudes y gestos que Ana podía interpretar. Como es lógico, tenía que liberarse de los prejuicios derivados de la convivencia que durante tantos años habían marcado la relación entre los hermanos.

Por otra parte, tenía claro que la información recogida y las actitudes mostradas eran sólo el inicio de un proceso. A pesar de ello,

Ana pensaba que era interesante realizar este cuadro para tener una visión de conjunto, que será más próxima a la realidad a medida que la comunicación sea más abundante y franca.

Cuadro 15: *Resultados de primer análisis.*

TEMA PLANTEADO	PAPÁ	MAMÁ	ERNESTO (H)	LOLI	NACHO
Ilusión por el proyecto familiar	9	9	6	9	7
Comprensión del proyecto	8	8	6	8	7
Necesidad de unas reglas de juego	9	9	6	10	8
Prioridad del consenso s/la mayoría	7	8	7	9	8
Sin privilegios en la empresa	7	7	6	9	8
Remuneraciones según responsabilidad y aporte	8	8	6	9	9
Necesidad de formación continua	8	9	6	9	9
Capacidad de trabajo	9	9	9	9	8
Disponibilidad	9	9	9	9	7
Seriedad	9	9	9	9	9
¿Venderías la empresa a un buen precio?	¿?	NO	NO	NO	¿?

Fuente: Elaboración propia.

CAPÍTULO 3

A vista de pájaro se sintió satisfecha de la impresión sacada. Veía en todos mucha capacidad de trabajo, disponibilidad muy alta y una gran seriedad. Esto le llenó de ánimo.

Le sorprendió cómo había calificado a su hermano Ernesto. Había bastante discrepancia entre la evaluación y las sensaciones que había tenido al terminar la charla con él. La razón era evidente. La conversación había discurrido por cauces mejores de lo esperado, pero había "algo" que le decía: "Ana, a tu hermano Ernesto has de dedicarle más tiempo que a los demás". Era una intuición, una ligera sospecha, basada en un hecho irrefutable: si Ernesto es importante para el proyecto, también es importante que se empape y convenza de que el proyecto conviene a todos, pero especialmente a él. Hay que ayudarle a ver la diferencia entre ser el cabeza de una empresa relevante o seguir haciendo lo mismo y teniendo muy poco peso en el sector y con probabilidades altas de ser expulsado del mercado por la creciente competencia en el mismo.

a) El resto de los resultados le parecieron más predecibles:

b) Papá estaba dispuesto a implicarse, aunque parecía albergar algunas dudas.

c) Mamá se sentía más ilusionada y sus dudas eran menores.

d) Loli parecía estar feliz, aunque daba la impresión de que miraba todo, como a cierta distancia. En este momento era más cosa de otros que de ella.

e) Nacho era pura incógnita, era el futuro a largo plazo, aunque cada uno de los hermanos podía influir de modo positivo en él a base de buenos ejemplos y con un seguimiento adecuado para que no se distraiga.

¡Cómo le agradezco a la Profesora de Empresa Familiar que me aconsejara la elaboración del folleto sobre las empresas familiares! Aunque aún era muy pronto para el optimismo, vislumbraba que todos podían empezar a hablar el mismo idioma. Lograr consensos ya era harina de otro costal.

A continuación, era el momento de pasar a la segunda parte del proceso: la segunda ronda de reuniones individuales, que siguió el mismo esquema que el de la primera etapa. Aunque en algún caso se podía retomar algún tema ya conversado, para esta etapa Ana eligió tres temas para abordar con sus padres y hermanos. Era el mejor modo de ver cuán cerca estaban en su modo de pensar.

Tema 1: Comprensión e ilusión por el proyecto

Tema 2: Necesidad de unas reglas de juego consensuadas

Tema 3: Profesionalidad en lugar de privilegios

Conversar con todos resultó muy interesante, aunque menos amable que en las conversaciones anteriores. Era algo normal. Cómo esperaba, cada uno de sus familiares comenzó a manifestarse. Surgieron posturas más críticas sobre el punto 3 (Profesionalidad en lugar de privilegios). Ana empezó a ver las dificultades que vendrían y que el camino sería más largo de lo esperado. De inmediato, hizo el propósito de mirar las posiciones críticas como algo positivo, como

CAPÍTULO 3

---

un reto hacia la excelencia. Recordaba una frase que había aprendido de su mentor: "La alabanza sin posibilidad de crítica carece de valor".

La conversación con su hermano Ernesto fue quizás lo más significativo de esta segunda ronda de conversación. En efecto, la posición de su hermano discurrió más o menos en estos términos:

-Agradezco tus palabras del primer día, hermana. Casi llegué a ilusionarme, pero de verdad que no veo el proyecto. Después de haberle dado muchas vueltas pienso que los riesgos son muy grandes, necesitaremos endeudarnos hasta las orejas y este tipo de negocio no da para tanto.

Ana notó preocupación en su hermano y comentó:

-Todo lo que dices es muy sensato. Así, de golpe, es como subir mañana los 2.592 m. del "Pico Almanzor" sin entrenamiento alguno. Tenemos todo el tiempo del mundo. Nadie nos presiona. Lo que sí te garantizo, hermano, es que yo sería la primera en arriesgar sólo lo necesario y también en abandonar el proyecto, si vemos que no es lo suficientemente interesante.

-Ya, fácil decirlo, pero no tan fácil de gestionarlo cuando has empezado a endeudarte con los bancos.

-Cierto. La idea no es forzar las cosas sino al menos darnos la oportunidad de analizarlas, de estudiarlas, de entender bien nuestras posibilidades y no descartar a priori ninguna. De hecho, los papás están dispuestos a poner parte de sus ahorros antes de recurrir a la Banca. Como sabes, la idea nació de ellos y están ilusionados en que lo intentemos. Pero, para intentarlo, hay que estar convencidos de ello y motivados después de haber hecho un riguroso análisis. A ti que te gusta el fútbol, ¿sabes lo que dice el "Cholo" Simeone?

-A ver, hermana, con qué frase me vas a salir...

-Leí en la prensa una frase que me gustó mucho: "En fútbol no siempre gana el mejor, sino el que está más convencido de ganar". ¿No crees que en el mundo empresarial pasa muchas veces lo mismo?

Ernesto se quedó pensativo pero escéptico.

-Este tipo de negocio no da para tanto -intervino Ernesto. Ni te imaginas lo que trabajamos para sacar adelante lo que tenemos. Me parece que a veces no sois conscientes del esfuerzo que ha implicado que la empresa llegue a donde ha llegado para que a nadie de la familia le falte nada.

Ana miró con ternura a su hermano y después de unos segundos dijo mirando fijamente a Ernesto:

-Seguro que llevas razón, pero, visto desde fuera, pienso que cada día resultará más complicado para la empresa mantenernos en el nivel al que nos hemos acostumbrado...

-Sin duda, Ana -interrumpió Ernesto.

-... A no ser que demos un pequeño salto y todos juntemos fuerzas y apoyemos. Sobre esto tú eres el que más sabes y nosotros estamos dispuestos a seguirte. Es más, este proyecto te necesita a ti al frente. No sientas temor alguno porque todos, desde los papás hasta Nacho, estaremos dándote lo mejor de nosotros: ideas, apoyo,

---

disponibilidad, lo que necesites. No pienses que estamos pensando en superar a las marcas Revilla, Navidul o Campofrío, gigantes que juegan otro "campeonato". El tiempo y la evolución que tengamos nos irá determinando el tamaño, ¿no crees?

Ernesto no quiso responder a la pregunta. Simplemente añadió:

-Voy a serte sincero. Lo que creo es que no hay nada malo en ser una empresa pequeña. Me siento muy tranquilo en la situación actual, tengo todo controlado. Me siento bien y me da miedo el cambio que queréis hacer. No he estudiado ni me he formado para ser un "ejecutivo de empresa" y así como estamos, pasando las cosas por las manos de papá o mías, vamos bien, a nadie le ha faltado nada y habéis podido hacer lo que queríais y desarrollaros.

Ana sintió ganas de decir a su hermano una frase de Víctor Hugo que una vez le había escrito en una servilleta su mentor: "El futuro tiene muchos nombres. Para los débiles es lo inalcanzable. Para los temerosos, lo desconocido. Para los valientes es la oportunidad". Sin embargo, se acordó también de lo que aconsejaba Richard Branson: "Si nos fijamos en lo mejor de las personas, van a florecer. Si criticamos o miramos lo peor, se van a marchitar. Todos necesitamos un montón de riego".

Ana sintió que era el momento para motivar a su hermano:

-Soy la primera en sentir miedo al cambio. Creo que es natural sentirlo ante lo desconocido. Te invito a pensar, por muy doloroso que sea, que algún día papá nos faltará o simplemente no será tan útil para las obligaciones de hacer empresa. Te puedes encontrar sólo e indefenso en un negocio que va a menos. Es una posibilidad. Tú tienes unas cualidades fenomenales. No necesitas estudiar teorías. No eres menos por no haber estudiado en una universidad. No estás menos preparado. Sabes cómo manejar a la gente, conoces los productos y su proceso de producción. Hazte a la idea de que sólo has de poner un cero más a las cifras de tu actividad.

Ernesto guardó silencio. Ana aprovechó para hablarle de nuevo del Programa de Dirección que va a sacar la Cámara en alianza con una prestigiosa escuela de negocios.

-Estoy convencida de que lo harás de un modo brillante. Si hay algo teórico que pueda resultarte duro, cosa que no creo en absoluto, tienes a tu hermana que vendría encantada a Plasencia para trabajarlo juntos. Eres muy joven y todo lo que hagas por invertir en ti será una ganancia para la empresa.

Ernesto seguía sin decir palabra.

-Por cierto, ¿qué piensa Marta de todo esto? -interpeló Ana.

-Piensa de modo parecido a ti y me anima a que haga lo que me apasione. Sinceramente estoy como si me hubieran echado un jarro de agua fría... pero para espabilarme. Me comprometo a tomarme en serio el tema. Voy a pensar en lo que hemos conversado. Dame unos días.

-Tómate el tiempo que necesites -precisó Ana.

Ana había tomado algunas notas. Por ejemplo, respecto a la necesidad de establecer unas reglas de juego, su hermano Ernesto entendía que lo eran, especialmente si el negocio adquiere ciertas dimensiones. Lo que no tenía tan claro cuáles deberían ser ni tampoco la importancia que se le debía dar al consenso.

CAPÍTULO 3

Ernesto expresó su opinión en estos términos:

-Me cuesta dejar mi modo de pensar actual donde todo nos lo cocinamos papá y yo, y a veces mamá. Debo ilusionarme con el proyecto y, quizá, el modo de ver muchas otras cosas vendrá solo. Es el caso de que los privilegios dejen paso a la profesionalidad. Desde el momento en que hay pocos empleados, y que de la familia sólo estamos los papás y yo, no me planteo si una cosa es privilegio o no. Y respecto a la profesionalidad, siempre hemos procurado hacer las cosas lo mejor posible y creo que lo hemos conseguido.

Al respecto, Ana observó:

-La profesionalidad la entiendo como estar preparados para dar siempre la mejor respuesta a todo lo que se nos presente. Ahora, la mejor respuesta seguro que es lo que estás haciendo. Ahora bien, a medida que vayamos creciendo, al mismo tiempo, nos iremos preparando para poder dar las mejores respuestas a las nuevas situaciones que se nos van a presentar. Ni tú ni yo usamos la misma talla de ropa que cuando teníamos ocho años. Irá creciendo la empresa e iremos creciendo todos, pero sin prisa ni decisiones locas. Forzar un crecimiento es tan antinatural como frenarlo.

Ernesto asintió.

-¿De verdad me veis como cabeza de lo que pensamos hacer?

Ana respondió:

-Yo no tengo la más mínima duda y los demás tampoco. Lo único que te vaticino es que vas a estar ocupadito, pero disfrutando. Tienes una habilidad muy grande: te gusta la gente y sabes rodearte de las personas adecuadas. No se puede hacer un buen negocio con malas personas. Nos jugamos demasiado en tener la gente adecuada para trabajar.

Entonces, Ernesto soltó un comentario en broma:

-Creo que Telefónica va a ser mi gran aliada porque vamos a tener que hablar mucho. Hablar las cosas ayuda a entenderlas mejor y sobre todo a captar matices importantes que cambian la visión. ¿Te parece que Marta y yo vayamos el próximo fin de semana a verte?

-Será un placer veros, pero quizá sea mejor coordinar el encuentro otro fin de semana. Por lo que me has comentado, Marta está feliz con lo que pensamos y me alegra mucho, pero no me gustaría implicarla hasta que toda la familia toquemos el tema de la participación de los cónyuges en la empresa familiar. ¿No te importa?

-En absoluto, llevas razón. Ya tendremos tiempo de concretar el viaje a Plasencia. De todos modos, cuenta con que es posible que te llame varias veces para comentar alguna duda sobre lo que hemos conversado.

Junto a la resistencia natural de su hermano Ernesto, otro hecho merece ser destacado de la segunda ronda de conversaciones que mantuvo Ana con todos los familiares.

En efecto, Ana se sintió un poco sorprendida por la resistencia general a tener los mismos sueldos que existían en el mercado para cada uno de los niveles de la organización.

Daba la sensación de que la empresa familiar puede aguantar cualquier sueldo, especialmente de los miembros de la familia. Por

CAPÍTULO 3

lo que se había informado Ana con expertos en la materia, este planteamiento era un gran error, una trampa, en la que suelen caer muchas empresas familiares.

En el momento actual por el que pasaba la empresa, Ana estaba interesada era poder transmitirles lo que pensaba, pero para ello sentía la necesidad de comprender a fondo lo que ella quería transmitir. Debía saber explicarles que pagar más al factor trabajo ocasiona las mismas consecuencias que pagar más de lo debido por las materias primas que compramos. Es decir, nuestro producto final será más caro y las posibilidades de venderlo serán menores, afectando a la competitividad.

Asimismo, Ana tenía un reto adicional de convencerles de que lo mismo que no toda la materia prima tiene la misma calidad y el mismo precio, también la calidad de los profesionales no es la misma y, por tanto, no deben retribuirse igual. Esto es lo que se entiende por profesionalidad en lugar de privilegios, razonaba Ana.

El resto del proceso

De esta manera, la familia Quesada continuó comprometida con la realización del protocolo familiar bajo el liderazgo de Ana. En las siguientes rondas de conversaciones, que por lo general se tuvieron cada dos semanas, se fueron comentando los otros temas que al inicio del trabajo se vieron que debía ser hablados, aclarados y consensuados.

Cuando se lograba consenso en varios temas, se organizaba una reunión colectiva para celebrar los avances en el proceso.

Los temas que se fueron trabajando en las siguientes semanas fueron:

Tema 4. Remuneraciones según responsabilidad y aporte.

Tema 5. Necesidad de formación continua.

Tema 6: ¿Blindamos la empresa para que sea siempre de la familia?

Tema 7: Quien salga de la empresa ¿ha de vender a los que se quedan de la familia y dejar su puesto?

Tema 8: ¿Participarán los familiares políticos en la empresa, como socios o como directivos?

Tema 9: ¿Es necesario un Comité de Dirección?

Tema 10: ¿Quiénes formarían el Comité de Dirección?

Tema 11: ¿Quiénes tendrían voz y voto y quiénes sólo voz?

Tema 12: ¿Qué obligatoriedad se le da al Protocolo?

Tema 13: ¿Aceptamos la unidad como el valor mayor y el consenso como modo normal de decisión?

Tema 14: Criterios organizativos.

Tema 15: Prioridad directiva para los familiares

Tema 16: Capitulaciones matrimoniales y separación de bienes.

Tema 17: ¿Puede quedarse con la propiedad el cónyuge de un socio fallecido? ¿Puede participar en la gestión?

Tema 18: Reglas para entrar a trabajar en la empresa familiar

Tema 19: ¿Qué debe ocurrir para que un familiar sea obligado a abandonar la propiedad y la gestión de la empresa?

CAPÍTULO 3

A modo de resumen, y con la finalidad de compartir con el lector lo más valioso de esta experiencia, el proceso fue avanzando de la siguiente manera:

- Todos admitieron fácilmente que había que instalarse en la mejora continua y, para ello se requería no dormirse en la formación de cada uno en su tema.

- Las personas más involucradas en el negocio (padre y Ernesto hijo) presentaron más resistencia con los temas de "profesionalidad en lugar de privilegios" y "remuneraciones según responsabilidad y aporte".

- Todos estaban de acuerdo en que la empresa siempre esté en poder de la familia, salvo circunstancias especiales que se puedan producir.

- El tema 7 ("Quien salga de la empresa, ¿ha de vender a los que se quedan de la familia y dejar su puesto?") evidenció discrepancias, aunque al final se llegó al siguiente consenso: a) quien se desprenda de su participación ha de dejar su puesto en la gestión, siempre que sea directivo; b) los socios no pueden vender sus acciones a extraños a la familia; c) cada uno del resto de los socios tendrán la misma prioridad a la hora de comprar.

- El tema más conflictivo en todo el proceso fue el n°8 ("¿Participarán los familiares políticos en la empresa, como socios o como directivos?"). Aunque existen experiencias en todos los sentidos, parece existir una tendencia en que los familiares políticos aportan soluciones y ventajas a corto plazo, pero a mediano y largo plazo traen más problemas que soluciones. El consenso de la familia Quesada fue en elegir la opción que mejor salvaguardaba la unidad familiar, que parece darse más cuando propiedad y gestión sólo está en manos de la familia de sangre.

- Inicialmente se pensó que el Comité de Dirección no era necesario hasta tanto se incorporaran Ana y Loli. Sin embargo, se acordó incluirlo en el protocolo como una manera empezar a implicarlos lo más posible en las decisiones de la empresa al "obligarse" a que todos estén bien informados y participen de las decisiones. De entrada, tendría voz y voto en el Comité mamá, papá y Ernesto; Loli y Ana serían miembros con voz. A Nacho se le invitaría ocasionalmente porque la prioridad con él era que trabajara en la empresa durante las vacaciones y se centrara en los estudios.

Pasaban los meses y el trabajo iba avanzando bien y parecía tomar forma. Se estaban dando consensos y sobre todo se estaba generando una cultura de comunicación y responsabilidad ante el presente y el futuro.

Un punto merece ser destacado. La familia Quesada no tenía una posición formada sobre la obligatoriedad de lo acordado en el Protocolo Familiar. Ana explicó a sus familiares que se trata sobre todo de un compromiso moral, firmado ante notario, entre personas de la misma sangre. También les dijo que se podían aprovechar cuantas oportunidades ofrezca la ley local y lograr que algunos acuerdos puedan tener fuerza legal, si se incluyen en los Estatutos de la Empresa, como es posible en algunos países.

CAPÍTULO 3

En todo caso, el espíritu del protocolo no es forzar situaciones sino mover a la organización y a la familia hacia un compromiso de profesionalización que implica "ordenar la casa". Lo fundamental es el compromiso moral.

A medida que se fue hablando sobre el proyecto de empresa familiar el valor de la unidad tuvo más peso. Se comprendía que la unidad y el compromiso debían ser las dos fortalezas que más había que cuidar. Cuando estas fortalezas se deterioran, se convierten en el mayor peligro. Nada hay peor que una lucha enconada entre familiares. Al respecto, fue significativa una expresión de Loli sobre el tema: "Hay que estar plenamente unidos. Quien no esté dispuesto a ello, mejor que siga otro camino". La familia Quesada evidenció una gran unidad en todo el proceso que, sin duda, facilitó el trabajo de Ana.

El reto del consenso

El consenso suele ser interpretado como un estado ideal, pero muy difícil de conseguir convirtiéndose en una pérdida de tiempo cuando no se logra, algo que sucede no pocas veces.

La familia Quesada interpretó que el consenso total nunca se puede dar del todo y que debía ser suficiente con una mayoría amplia a la hora de tomar decisiones. Durante el proceso se analizaron los peligros de las decisiones mayoritarias y las fisuras que provocan en la unidad. Alguno, sin embargo, pedía que se agotaran las posibilidades de consenso en las decisiones importantes, que afectaban a varios familiares o al futuro de la empresa.

El consenso fue un tema que Ana habló con cada uno detenidamente y, cuando ya pareció suficientemente tratado, se plasmó en una cláusula en el borrador del Protocolo. Es un tema tan importante que merecía un posterior debate o, al menos, un último repaso, con el fin de garantizar un consenso familiar y una norma de funcionamiento claramente definida sin posibilidad de confusión.

No podemos olvidar que el protocolo es el resultado de un proceso de construcción de consensos, a los cuales solo se llega con una vocación de servicio y de trascendencia. Es un reto que va más allá de la escritura de un texto que contiene una serie de regulaciones sobre la relación familia y empresa. En efecto, el protocolo es un documento vivo y flexible que debe poder adaptarse a la realidad que vive la familia empresaria. Nuestra visión es que las pymes familiares no están al margen de esta necesidad de institucionalizarse.

A los escépticos del consenso, siempre recordamos que hasta las bacterias funcionan por consenso. Hay caminos más cortos, sin duda, pero menos eficaces a largo plazo.

Por ejemplo, el tema 15 (Prioridad directiva para los familiares) consumió mucho tiempo de diálogo. Parecía que no reflejaba los deseos de la familia. No concebían que un extraño tuviera más nivel que un directivo familiar. En las reuniones, Ana planteó la siguiente pregunta: ¿Qué haríamos si dentro de cinco años, la empresa va muy mal, porque nosotros no somos capaces de dirigirla bien? ¿No deberíamos ponernos en manos de un profesional capaz y experimentado? Sería bueno preverlo.

Una experiencia interesante es que, a medida que la conversación sobre el tema se extendía, las posturas se volvían más flexibles. La idea de que la empresa pudiera fracasar pesaba mucho en todos.

CAPÍTULO 3

Con algún pequeño matiz, parecía dejarlos satisfechos la alternativa de "dar prioridad en la dirección de la gestión a los familiares, salvo que éstos no estén suficientemente preparados o la evolución del negocio aconseje contratar a un no familiar".

Ernesto padre preguntó a Ana qué pensaba ella sobre la prioridad de los familiares. Ana respondió:

-En los inicios de una empresa familiar está bien la posición que tiene la familia sobre el tema, pero en un futuro, si la empresa se hacía grande, quizás necesitemos ser más rigurosos a la hora de poner la gestión de la empresa en manos de quien tenga la capacidad que los tiempos requieran, sea o no de la familia. No olvides, papá, que el gobierno, esto es, las grandes decisiones, estarán en poder de la familia a través del Consejo de Administración y el día a día lo conoceremos participando en el Comité de Dirección.

Cuando Ana sentía que se había avanzado lo suficiente en un tema, y consideraba que había consenso sobre el mismo, redactaba unas cuantas cláusulas del Protocolo Familiar que dieran forma al criterio familiar y las presentaba en la siguiente reunión familiar para su validación.

En una de esas reuniones colectivas, se fueron leyendo la Introducción del Protocolo y sus seis primeras Cláusulas. Fue muy interesante comprobar que las discusiones que hubo se produjeron en un tono de gran normalidad y cordialidad, sin malas emociones. Realmente había existido mucho trabajo previo. Todos, sin excepción, mostraron unas actitudes positivas en la búsqueda de la mejor opción para el futuro de la empresa y los intereses de la familia. Así, la redacción formal del Protocolo avanzaba.

Últimos aprendizajes

A los hermanos de Ana, especialmente a Ernesto, les sorprendía tener que hacer "capitulaciones matrimoniales y separación de bienes", cosa lógica, ya que ninguno tenía prácticamente nada. Sin apenas esfuerzo, cada uno entendió que había que prever situaciones por el bien del proyecto que estábamos pretendiendo llevar a cabo y que precisamente por no tener casi nada todo resultaría más sencillo.

Ernesto se sentía un poco tenso sólo de pensar en hablar con Marta de este asunto. Hablando con Ana, Ernesto infirió que lo más normal sería presentarle directamente el tema a su novia, con transparencia, explicando que de este modo se buscaba aislar a los futuros cónyuges e hijos de las incidencias que pudieran producirse en el futuro de la empresa.

Se llegó también a un consenso sobre un caso específico. Cada uno manifestó estar de acuerdo en que los cónyuges, de un familiar fallecido, pudiera seguir siendo socio propietario de la empresa, pero no participaría como directivo en la gestión.

Ningún miembro de la familia Quesada tenía claro, tampoco Ana, cómo había que establecer la reglas de participación en la gestión de la empresa. La conclusión a la que se llegó, después de todas las conversaciones, fue que en el curso de los próximos tres años se pediría a un especialista que hiciera un relevamiento de las tareas fundamentales de la empresa, con perfiles de cargo y funciones con indicadores de desempeño.

Sobre esta base, una empresa de RRHH podría analizar los perfiles de cada candidato. Con toda esta información y la obtenida por la

CAPÍTULO 3

experiencia directiva de los familiares, se podrían tomar mejores decisiones sobre las funciones más acordes a las capacidades de cada uno. Se pidió a Ana que intentara plasmar en el Protocolo lo que la familia Quesada entendía por capacidad directiva adecuada, esto es, por idoneidad.

Otra experiencia que merece la pena compartir con nuestro amigo y paciente lector fue la siguiente. El tema 19 ("¿Qué debe ocurrir para que un familiar sea obligado a abandonar la propiedad y la gestión de la empresa?") no resultó nada fácil.

Al ser un tema hablado inicialmente en las conversaciones de manera individual, cada uno pudo expresarse con total espontaneidad. Era un poco fuerte pensar en las razones que podían existir para obligarle a un socio familiar a salir de la empresa. Después de bastante diálogo, dos ideas prevalecieron:

a) Si alguien quería voluntariamente dejar la empresa, habría que facilitarle en todo lo posible su salida sin poner en peligro la liquidez y el funcionamiento de la empresa;

b) Se podía exigir de modo obligatorio la salida de aquel familiar que, de modo grave, daba mal ejemplo o era motivo de escándalo, bien por su conducta dentro y fuera de la empresa, bien porque tuviera comportamientos contrarios a la ley, o fuera un factor de discordia y de falta de unidad que afectara de modo significativo a la vida de la empresa.

Otro tema que se abordó en las conversaciones fue la conveniencia de liberar a Ernesto padre de la responsabilidad que tenía como Administrador Único. Se llegó al acuerdo de crear el Consejo de

Administración y que, además de papá, formaran parte del mismo mamá y Ernesto hijo.

Todos los temas más relevantes se fueron tocando poco a poco, mes a mes, con paciencia, responsabilidad y dedicación. Ninguno quedó por fuera. Tomando como base el folleto que Ana les entregó al inicio del proceso, la familia Quesada estudió también lo que era un Consejo de Familia y sus funciones. Después de algunas dudas y resistencias, se vio innecesario constituirlo. Aunque sin duda eran demasiado pequeños como empresa y como familia, se vio conveniente y educativo responsabilizar a uno de la familia de que se cumpla el contenido del Protocolo Familiar.

Uno de los temas que más "sorpresas" generó fue el de la sucesión, entre otros motivos, porque a todos parecía una "locura" pensar en la empresa sin Ernesto padre. Las reticencias a hablar del tema era unánimes, salvo por parte de Esperanza, que quería otra vida para su marido; ella deseaba que no tuviera que trabajar tanto y viajar tantas veces solo. Se sentía preocupada de que le pasara algo y, sobre todo, de que pudiera perderlo. Le daba pánico la mera posibilidad de afrontar la continuidad de la empresa sin papá. Estas fueron sus palabras textuales: "Definitivamente me alegra que lo tengamos todo previsto en ese Protocolo que estamos haciendo".

Cuando Ana planteó a cada uno el tema, fue explicando que la sucesión tenía como dos partes principales:

a) Si se produce la necesidad de suceder a papá por las razones que sean, todo estaría previsto y, desde el punto de vista empresarial, sería algo normal;

b) Pensar en la formación de que quien le pueda suceder se vaya preparando a conciencia al lado de papá, y así, en caso de necesidad, estuviera listo. En el caso de la familia Quesada este punto era sencillo, pues esa persona era Ernesto hijo, pero no era superfluo en reflexionar sobre un plan b.

Como el tema de la sucesión es uno de los retos más complejos que debe afrontar una empresa familiar, se decidió consultar a un experto especializado en la materia, pasando los costos a la empresa.

Otros temas exigieron diálogo para llegar a los siguientes consensos que Ana debía incluir en el Protocolo:

- Ninguno de los socios podía prender las participaciones de la empresa para tomar préstamos o para dar garantías a terceros, pues podía afectar gravemente al buen funcionamiento de la empresa;

- se debía elaborar un Código Ético de la Empresa en el que se plasme la visión, creencias, valores y buenas prácticas empresariales así como también de la familia empresaria. Este Código debía servir también para contar con un sistema de solución de conflictos;

- la vigencia del Protocolo era indefinida, pero se acordaba actualizarlo siempre que se produjera un cambio significativo en las circunstancias empresariales o familiares, siempre y cuando la actualización del Protocolo fuera aprobada por la mayoría de los socios.

Dar forma a todo lo anterior, disminuyó drásticamente las horas de sueño y descanso de Ana. Ella tuvo que trabajar muy duro, y dedicar muchas horas, no sólo a la realización de las entrevistas sino también a procesar la información de las mismas y a preparar las reuniones, a parte del tiempo que le llevó comentar algunas dudas puntuales con algún abogado y con su Profesora de Empresa Familiar.

Por todo ello, entendemos que aquellas pymes que, si lo desean y se lo pueden permitir, tercericen ese proceso en algún consultor. En todo caso, aquí hemos presentado un caso exitoso de una empresa familiar que implementó un protocolo de familia e invitamos a todas las pequeñas y medianas empresas a que "ordenen su casa" a través de un proceso de "conversaciones poderosas" que fructifique en un consenso de buenas prácticas que ayudan a la sostenibilidad de la empresa familiar.

Ana continuó su trabajo unos meses más. En una nueva reunión con sus padres y hermanos, leyó la lista de acuerdos que se incluirían dentro del Protocolo. Se fueron haciendo observaciones que se habían pasado por alto y haciendo ajustes, añadiendo matices que para unos y otros eran importantes.

Estaba finalizando el mes de noviembre cuando la familia Quesada estaba lista para dar "el paso final". La madre fue designada la responsable de llevar al notario el texto final del Protocolo. La intención de la familia era firmarlo, a ser posible, el 12 de diciembre por la tarde. Si nadie se echaba atrás y todos confirmaban asistencia, el plan diseñado era citarse todos en casa de los padres para comer y, antes de ir a la notaría, disfrutar de una buena sobremesa, momento familiar único que disfrutaban todos y ponía muy feliz a Esperanza.

CAPÍTULO 3

Durante la comida, Ana sintió un conflicto de emociones. Por un lado, se sentía aliviada de cerrar una etapa importante, pero, por otro, ella sabía que la firma del Protocolo ante el Notario era sin duda un gran éxito, sobre todo como punto de arranque de otro proceso aún más grande: la implementación de los acuerdos.

El trabajo real no había hecho más que empezar. ¿Quién había dicho que hacer empresa era una tarea fácil?

De regreso a casa, Ana se sentía tranquila y con la satisfacción del deber cumplido. Sus ojos brillaron al recordar el brindis que hizo su padre en la comida: "Os felicito a todos. Como padre os digo que estoy orgulloso de cada uno de vosotros. No podéis entender de qué manera sois parte de la felicidad de vuestra madre y mía. Como empresario, sé que lo que más valor tiene a veces no es lo que se da sino lo que se cede. Os invito a que la mirada esté en el largo plazo. Gracias por haber dado el primer paso de un nuevo viaje".

Ana sintió al volante el fuerte viento del invierno y pisó fuerte el acelerador. "Logrado el orden, el hábito se encargará de mantenerlo", meditó.

CAPÍTULO 4
ANEXOS

¡Larga vida a la empresa familiar!

ANEXO I:
Texto del Protocolo Familiar de la Familia Quesada

En Plasencia, siendo el día 11 de diciembre de 2017, se reúnen y firman el presente Protocolo Familiar los socios de Ibéricos Quesada, S.L., Ernesto Quesada Izquierdo y su esposa Esperanza Sánchez Salamanca, como titulares de las participaciones de la empresa antes citada; y los hijos de ambos, Ernesto, Ana, Dolores e Ignacio, menor de edad, dándose por informados sobre el contenido del Protocolo Familiar y prestando su conformidad al mismo.

INDICE DEL PROTOCOLO FAMILIAR

CLAUSULA	TEMA TRATADO	PAGINA
PRIMERA	CONCEPTO DE EMPRESA FAMILIAR, PROTOCOLO FAMILIAR Y FAMILIA	209
SEGUNDA	ÁMBITO DE APLICACIÓN	210
TERCERA	OBJETO DEL PROTOCOLO FAMILIAR	210
CUARTA	CULTURA, PRINCIPIOS Y VALORES	211
QUINTA	PRIORIDAD DIRECTIVA	214
SEXTA	PROPIEDAD	215
SÉPTIMA	GESTIÓN DE LA EMPRESA	217
OCTAVA	GOBIERNO Y DIRECCIÓN	220
NOVENA	SOLUCIÓN DE CONFLICTOS	227
DÉCIMA	GARANTÍAS Y PRESTAMOS	229
UNDÉCIMA	PROCESO DE SUCESIÓN	229
DUODÉCIMA	CAPITULACIONES Y SEPARACIÓN BIENES	233
DÉCIMO TERCERA	CÓDIGO DE ÉTICA	233
DÉCIMO CUARTA	CRITERIOS DE VALORACIÓN DE LAS PARTICIPACIONES	235
DÉCIMO QUINTA	VIGENCIA DEL PROTOCOLO FAMILIAR	237

CLAUSULA PRIMERA:
CONCEPTOS DE EMPRESA FAMILIAR, DE PROTOCOLO Y DE FAMILIA

1. EMPRESA FAMILIAR

A efectos de este protocolo, se entiende por Empresas Familiares, aquellas empresas en las que la gestión y la propiedad de las participaciones societarias están o estarán en manos de la familia Quesada-Sánchez, que, además, tiene la voluntad manifiesta de mantener la continuidad de esta situación de modo indefinido.

Asimismo, se entiende por Grupo Familiar, al solo efecto del presente Protocolo, al conjunto de personas que forman parte de la citada familia y que firman el presente Protocolo.

2. PROTOCOLO FAMILIAR

Entendemos por Protocolo Familiar, un documento consensuado por la Familia Quesada-Sánchez, orientado a los negocios familiares, que regula de modo flexible las relaciones entre la Familia Quesada-Sánchez y las Empresas, que son o serán propiedad de la citada familia, para así garantizar la unidad de la Familia y la continuidad exitosa de los negocios familiares.

3. FAMILIA

Se consideran miembros de la Familia las personas que firman el presente Protocolo y aquéllas, que en el futuro, sean familiares en línea directa por consanguinidad, así como los cónyuges o hijos adoptados sin limitación alguna.

CAPÍTULO 4

CLAUSULA SEGUNDA:
ÁMBITO DE APLICACIÓN DEL PROTOCOLO:

1. **Ámbito subjetivo:** *q*uedan obligados a cumplir las normas establecidas en el presente Protocolo todos los miembros del Grupo Familiar que suscriben este documento y, en el futuro, el resto de los miembros familiares que algún día se incorporen a la(s) Empresa(s) Familiar(es) citada(s).

2. **Ámbito Objetivo:** quedan sujetas al presente Protocolo las participaciones sociales de la empresa mencionada al inicio de este Protocolo o cualquier derecho sobre las mismas o sobre el capital o beneficios de la citada sociedad.

Quedarán también sujetos los derechos sobre las participaciones de entidades que en el futuro se incorporen al Grupo Empresarial.

CLAUSULA TERCERA:
OBJETO DEL PROTOCOLO

La razón de ser del presente Protocolo Familiar es fortalecer la unidad de la Familia y la profesionalidad de la Empresa Familiar, como objetivos prioritarios a los que deberán subordinarse los planes estratégicos, las políticas de empresa y las decisiones familiares y empresariales, relacionadas con la empresa Ibéricos Quesada, S.L., citada al inicio de este documento.

La unidad de la familia y la profesionalidad de las empresas deben ser un factor decisivo para que éstas logren cumplir con sus fines de generar riqueza y garantizar su continuidad.

Los miembros del Grupo Familiar, abajo firmantes manifiestan ser conscientes de la importancia que tienen para la positiva evolución de las Empresas Familiares unas buenas y armónicas relaciones familiares y, por ello, acuerdan la formalización del presente Protocolo Familiar. En el mismo se establecen las pautas y principios, esto es, las **reglas de juego**, por las que se regirán las relaciones entre el Grupo Familiar y las Empresas Familiares actuales y futuras.

El presente Protocolo recoge el compromiso común de todos ellos sobre los aspectos que consideran fundamentales. Aquellas situaciones específicas que pudieran darse en la práctica diaria y que no estén reguladas en el Protocolo Familiar, deberán resolverse a la luz de los criterios y principios que en él se han establecido.

CLAUSULA CUARTA:
CULTURA Y VALORES

1. Cultura: se entiende por Cultura de Empresa la forma habitual y tradicional de pensar, de sentir y de reaccionar ante los problemas, con que la Familia Quesada-Sánchez ha impregnado las decisiones empresariales. En términos coloquiales puede expresarse, como "el modo de hacer las cosas, propio de la familia Quesada-Sánchez".

2. Valores: los firmantes quieren dejar constancia de los valores que han dado origen a esta empresa y que desean mantener en el futuro: clima de unidad, respeto a la dignidad de las personas, esfuerzo continuado, responsabilidad, diálogo, velar por la calidad de nuestros productos y cuidar nuestra relación con clientes, proveedores y el resto de la sociedad.

CAPÍTULO 4

2.1. Unidad: al ser la unidad una de las fortalezas esenciales de la Empresa Familiar y la desunión la causa más importante de su falta de continuidad, velar y esforzarse por mantener la unidad será un objetivo prioritario por parte de los miembros familiares de la Empresa. Cualquier falta contra la unidad es siempre grave, venga de quien venga. Ello explica la necesidad imperiosa de asumir actitudes positivas como:

a) Promover el desarrollo de un clima de confianza.

b) Evitar aquellas actitudes y comportamientos que rompen o no favorecen la unidad.

c) Empresas Familiares, facilitando y valorando el espíritu de colaboración.

d) Dar ejemplo de respeto a los directivos no familiares, si los hubiera, por parte de directivos familiares, cualquiera que sea su nivel.

e) No permitir los chismes ni los comentarios negativos sobre socios, ejecutivos, empleados y clientes de las Empresas Familiares.

2.2. Compromiso y ejemplaridad: se entiende por compromiso la voluntad de una dedicación intensa y prolongada, que conduce a la entrega de todos a la consecución del bien del conjunto y a autoexigirse de acuerdo a la capacidad de cada uno y al acuerdo establecido. Los miembros de ésta Familia, **cualquiera que sea la función que desempeñen** en la empresa, **deben dar ejemplo siempre de este**

compromiso asumido, mediante actitudes y comportamientos, como los siguientes:

a) Puntualidad;

b) Cuidado de las cosas de las Empresas, como propias;

c) Dedicación y entrega al proyecto empresarial de la Familia;

d) Considerar a las Empresas Familiares, como instituciones a Largo Plazo;

e) Orientación a los resultados mediante la mentalidad y actitud de interrogarse cada uno a sí mismo, si está siendo rentable a la empresa con su actuar diario;

f) Orientación al cliente, satisfaciendo sus necesidades e incluso adelantándose en lo posible a las mismas y procurando no defraudarles en sus expectativas;

2.3. Consenso: las decisiones se adoptarán buscando el mayor grado de consenso posible. Aun así, se comprende que la singularidad natural de las personas haga muy difícil coincidir sistemáticamente en la toma de decisiones. Aprender a valorar las diferencias es un modo claro de enriquecer las ideas y los criterios propios. No obstante lo anterior, el debate interno y las diferencias que surjan entre miembros de la Familia no deben trascender a terceros. Los firmantes del Protocolo cuidarán de mantener la unidad de criterio cuando se manifiesten en público o en privado; y las decisiones que se adopten por las mayorías establecidas deberán ser apoyadas, como propias, incluso por quienes no las hubieran secundado.

2.4. Laboriosidad y esfuerzo: el grupo familiar quiere dejar constancia de la importancia que da a un espíritu continuo de trabajo y a la capacidad de sacrificio para lograr las metas importantes que han de alcanzarse.

2.5. Información a futuras generaciones: los padres enseñarán a sus descendientes la historia y tradiciones de la Empresa y de la Familia y les mantendrán debidamente informados de los proyectos y resultados de aquélla en función de su grado de madurez, de su edad y circunstancias, con el objeto de que aprendan a valorar y a comprender los esfuerzos extraordinarios que a veces requieren aquellas empresas.

CLAUSULA QUINTA:
PRIORIDAD DIRECTIVA

Esta cláusula hace referencia únicamente a las funciones directivas. Siempre sobre la base de que los miembros de la familia tienen la capacidad adecuada a las necesidades presentes y futuras de la empresa, tendrán prioridad para ocupar los puestos directivos. Consecuentemente, los no familiares sólo accederán a responsabilidades de dirección, cuando éstas no puedan asumirse adecuadamente por los familiares.

Se entiende que una persona tiene **capacidad directiva adecuada** cuando engloba una personalidad acorde con las funciones directivas, capacidad técnico-profesional, potencial para su desarrollo, capacidad para formar y motivar a los subordinados, capacidad para la delegación y el control y, de modo especialísimo, total alineamiento con la MISIÓN y METAS de la Empresa Familiar.

En síntesis, lo normal será que las funciones directivas sean desempeñadas por los miembros de la familia, salvo que la empresa requiera, en un momento dado, otro perfil directivo y capacidades que no se encuentran en los componentes de la familia. En este caso, se acudirá al mercado, encargando la selección a una empresa especializada del sector.

CLAUSULA SEXTA:
PROPIEDAD

El Grupo Familiar manifiesta de modo unánime su decisión de que la empresa permanezca siempre e íntegramente en poder de la familia. Sin embargo, pueden producirse situaciones que necesiten un tratamiento adecuado a la luz de la anterior manifestación de voluntad.

1. **Ventas de participaciones a terceros:** cualquier socio que quiera voluntariamente, vender total o parcialmente, sus participaciones, ha de ofrecerlas a los demás socios, quienes tendrán derecho preferente de compra. El precio se establecerá según se indica en este Protocolo.

   Cuando no exista interés en comprar por parte de los demás socios, el socio vendedor queda libre para vender sus participaciones a quien quiera, siempre y cuando no pertenezca al mismo sector de la empresa o se trate de una persona conocida por su conflictividad.

2. **Régimen con los cónyuges e hijos de los socios fallecidos:**

a) Los cónyuges de los socios familiares no pueden ser socios de la empresa ni, por tanto, formar parte del equipo directivo de la misma.

b) En el caso del fallecimiento de un socio, las participaciones de éste pasarán a ser propiedad de los hijos, siendo el cónyuge sobreviviente quien administre el usufructo de dichas participaciones. En el caso de que no hubiera dejado descendencia, el cónyuge del fallecido estará obligado a vender las participaciones a los demás socios al precio que se establece en este Protocolo.

Si hubieran fallecido ambos cónyuges dejando descendientes mayores de edad, serán éstos los titulares de dicha participación, en su nombre por la parte que les corresponda y representando a sus hermanos por la parte que pertenezca a éstos. Si los descendientes fueran menores de edad, se nombrará un tutor y será éste quien ejercerá las funciones de administración del usufructo de dichas participaciones. En este caso el resto de los socios asume la obligación moral de ayudar en lo posible a los hijos del socio fallecido.

c) Todos los socios, por consenso, podrán variar la aplicación del apartado b) siempre que exista conformidad de los descendientes mayores de edad o los tutores y sea para beneficiar a los descendientes afectados.

3. Dividendos: la decisión de reparto de dividendos queda bajo la total responsabilidad de la Junta de Socios. Ahora bien, como criterio a seguir y objetivo a alcanzar, deberá mantenerse un equilibrio entre las necesidades de la Familia y de las Empresas. El reparto de beneficios, si los hay, suele ser aconsejable para el bien de los socios y también para la salud de la empresa.

CLAUSULA SÉPTIMA:
GESTIÓN DE LA EMPRESA

1. EL TRABAJO

Como norma general no podrán trabajar en las empresas familiares los cónyuges de los familiares, salvo autorización unánime del Consejo de Administración. Además, se establecen las siguientes reglas para entrar a trabajar y salir en las Empresas Familiares:

a) En la política de recursos humanos se seguirán los mismos criterios para familiares o no familiares, salvo las excepciones previstas en este Protocolo (cláusula de prioridad directiva).

b) Todos los directivos, sean o no familiares, serán siempre nombrados, promocionados, penalizados y destituidos por el Consejo de Administración o REUNIÓN DE SOCIOS.

c) A la hora de seleccionar directivos es fundamental que los valores de éstos encajen con la cultura y los valores de la Familia y de la Empresa.

d) En la admisión de directivos siempre ha de exigirse "cualificación" para las funciones a desempeñar. Por ello, será necesario que una empresa "head hunter" de prestigio evalúe a los posibles candidatos.

e) Los Directivos y empleados de las empresas del Grupo, sean familiares o no, serán retribuidos teniendo en cuenta las condiciones de la empresa y del mercado en empresas similares, así como su valía, su dedicación efectiva, las responsabilidades asumidas y, de modo especial, su aportación a los resultados de las empresas.

f) Asimismo, cualquier miembro de la Familia, que trabaje en las Empresas Familiares, puede ser promovido de acuerdo a su buen desempeño o destituido de su cargo por mal desempeño o negligencia. La decisión de destituirlo se tomará por el Consejo de Administración o REUNIÓN DE SOCIOS por una mayoría superior al 60%. Si el afectado es miembro del órgano decisorio, se abstendrá de participar en dicha decisión.

g) Se le permitirá al afectado defenderse de los cargos, previamente al abandono de la reunión para que dicho órgano pueda tomar sin presiones la decisión que corresponda. En todos los casos, lo tratado en estas reuniones será considerado como secreto profesional.

h) Con el objeto de aumentar la motivación interna de las empresas, cuando existan vacantes directivas, antes de acudir al mercado externo de trabajo, se dará prioridad a los familiares en primer lugar, después a los empleados de las Empresas Familiares, y finalmente se acude al mercado.

i) La decisión de incorporar a empleados no directivos, incluso cuando se trate de sustituir a alguna baja, debe ser tomada en el Comité de Dirección, quien tendrá en cuenta los criterios establecidos en este Protocolo.

2. CRITERIOS
ORGANIZATIVOS

Para que la Empresa Familiar pueda sobrevivir y lograr su finalidad, se consideran importantes los siguientes criterios de actuación organizativa:

a. Debe mantenerse el principio de la unidad de mando. Esto significa que **deberá estar claro para todos quién es la persona que ejerce el liderazgo en el Grupo.** El hecho de liderar un Grupo Empresario Familiar no permite al líder ni a nadie arrogarse decisiones que corresponden al Comité de Dirección o al Consejo de Administración. Lo decidido por un órgano colegiado o por una persona de acuerdo con sus atribuciones nunca ha de ser discutido u objeto de comentarios negativos, fuera de los cauces previstos.

b. Las funciones y tareas se asignarán a quienes tengan la **capacidad requerida** para cada puesto de trabajo, sea miembro o no de la Familia. Esto ayudará a los jóvenes, que puedan incorporarse, a prepararse con tiempo para servir a la empresa y no servirse de ella. Nunca se creará sin estricta necesidad un puesto de trabajo para atender una petición de empleo de la familia o de alguien externo.

c. En todas las relaciones internas y externas del **Grupo Empresario Familiar,** se seguirán las leyes del mercado y de la situación concreta de dicho Grupo, tanto en lo que se refiere a incorporaciones, remuneraciones, evaluaciones de directivos y empleados, y otras decisiones de los recursos humanos;

como a los precios pagados y cobrados por las compras y ventas realizadas.

d. Debido a la naturaleza de las relaciones laborales, que constituyen una hipoteca social para la Empresa, se procurará que las remuneraciones sean mixtas: es decir, para cada puesto de trabajo y, en la medida de lo posible, se establecerá una remuneración fija y otra variable de acuerdo a los rendimientos aportados y a los beneficios de la empresa.

CLAUSULA OCTAVA:
GOBIERNO Y DIRECCIÓN

En una empresa se toman decisiones que marcan el rumbo de ésta en los temas que afectan a su identidad, a su misión, a sus políticas y estrategia a largo plazo; y las llamamos **decisiones de gobierno**. Estas decisiones son tomadas por el Consejo de Administración, como representante de la Junta de Socios.

Además, de acuerdo a las pautas marcadas por el Consejo de Administración, **el día a día** exige planificación, organización, llevar a cabo las políticas marcadas, motivación de los equipos, logro de objetivos y metas, etc. Las decisiones relativas a lo anterior, las llamaríamos **decisiones de dirección**.

1. Gobierno

El Gobierno de la presente empresa es ejercido actualmente por un Consejo de Administración compuesto por las siguientes personas: Presidente, Ernesto Quesada Izquierdo, VicePresidente, Esperanza

Sánchez Salamanca y Vocal, Ernesto Quesada Sánchez. Sobre este Consejo recae la responsabilidad de gobierno ante terceros, de acuerdo a como establezcan las leyes.

El Presidente del Consejo de Administración ha de dejar su cargo, como muy tarde, cuando cumpla la edad de 72 años.

Hay decisiones, que, por su importancia, requieren ser tomadas de modo colegiado en el Consejo de Administración:

b. Como norma general tomará aquellas decisiones colegiadas que corresponderían por Ley y Estatutos al Consejo de Administración;

c. Todo lo referente a la aprobación y modificación de presupuestos de la Empresa Familiar;

d. Toda compra de Activos inmovilizados, siempre que el importe sea superior a 25.000 €. o su equivalente en otra moneda;

e. La incorporación de Familiares a cualquiera de las Empresas Familiares de acuerdo a las pautas fijadas en el presente Protocolo;

f. La incorporación, promoción y sanciones de los directivos de la Empresa, tanto familiares como no familiares;

2. Dirección

La dirección de la empresa es realizada por el Gerente de la misma, Ernesto Quesada Izquierdo. Este se responsabiliza de que se realicen las funciones propias del día a día de la empresa. Sin ánimo de ser exhaustivos serían las siguientes:

CAPÍTULO 4

a)   Coordinará la gestión diaria de la Empresa;

b)   Se ocupará de que exista la delegación necesaria en todos los niveles de la empresa;

c)   Será el responsable de la elaboración de los presupuestos anuales de las empresas;

d)   Facilitará a sus colaboradores las atribuciones y medios necesarios para que éstos puedan alcanzar las metas exigidas y cumplir los presupuestos;

e)   Presentará y defenderá ante los órganos colegiados de decisión las propuestas relativas a contratación y remuneraciones de todo tipo del personal de la empresa. La incorporación definitiva o confirmación de un empleado, una vez superado el período de prueba, será decisión del Comité de Dirección, a la vista del informe evaluativo del jefe inmediato;

f)   Presentará al órgano de decisión pertinente las propuestas de sanciones y despidos que se refieran a familiares, a directivos y a empleados;

g)   En general, podrá tomar todas las decisiones que exija el funcionamiento diario de la Empresa Familiar, de acuerdo a las políticas y lineamientos establecidos;

Es decir, todas las funciones anteriores corresponderán a la máxima autoridad dentro de la estructura ejecutiva de la Empresa Familiar, llámese Director General, Gerente o similar, de acuerdo al sistema de organización que se crea conveniente establecer en el futuro.

Comité de Dirección

Los abajo firmantes consideran conveniente implantar dentro de los próximos doce meses el Comité de Dirección, con el propósito de que se tomen en dicho Comité aquellas decisiones importantes, que corresponden al quehacer diario y que es conveniente tomar de forma colegiada; también permite a sus componentes estar puntualmente informados de todo aquello que afecta de modo relevante a las empresas; y, sobre todo, logra una mayor implicación de todos en llevar a cabo lo decidido.

Lo consideran como un vehículo extraordinario para que los directivos aporten su experiencia y capacidades y para formar a aquellos miembros de la familia que estén a punto de incorporarse a la gestión de las empresas.

No debe preocupar que exista solapamiento entre las personas responsables del gobierno y de la dirección. Lo que sí importa es que estas personas distingan muy bien, cuándo están tomando decisiones de gobierno y cuándo de dirección, procurando no mezclarlas en el momento de reflexionar y decidir.

Funciones principales del Comité de Dirección:

1) Integrar a los directivos entre sí y facilitarles la participación en las decisiones de la empresa.

2) Tomar decisiones en aquellos temas, que tengan importancia estratégica o que afecten a varias áreas de la empresa.

3) Hacer fluir puntualmente la información entre el equipo directivo.

4) En el Comité se asumen compromisos, se establecen los plazos de llevarlos a cabo y se exige dar cuenta de su realización y resultados.

5) Específicamente se toman aquellas decisiones que afectan a la cuenta de resultados, al margen del negocio o al aumento, disminución y retribución de los RRHH.

6) Se estudiarán en el Comité de Dirección todas las decisiones económicas, cuyo coste sea superior a 1000 €., aunque si éste es superior a 25.000 Euros o su equivalente en otra moneda, deberá ser ratificado por el Consejo de Administración.

7) Decidir la incorporación de empleados no directivos.

Miembros:

- De inicio serán miembros con voz y voto los mismos componentes del Consejo de Administración.

- A medida que vaya creciendo la empresa y se incorporen otros miembros de la familia, pueden asistir al Comité de Dirección como miembros con voz, pero sin voto; y, cuando el Consejo de Administración lo considere oportuno, puede incorporarlos plenamente con voz y voto.

- Asimismo, si la empresa adquiriera un tamaño suficiente para tener responsables de áreas de negocio, éstos podrían formar parte del Comité de Dirección con voz e incluso con voto, si así lo estimase el Consejo de Administración.

- El Comité de Dirección estará presidido por el Presidente o VicePresidente del Consejo.

Decisión colegiada

El Comité de Dirección es el órgano por excelencia donde se pone en práctica la decisión colegiada. Este modo de decidir, recomendable en temas significativos por las razones antes expuestas, puede convertirse en un modo de decidir lento y caro, si no se toman las siguientes precauciones:

- Que exista un orden del día de tal modo que los temas importantes a tratar sean conocidos con la suficiente antelación por los componentes de Comité de Dirección;

- Que los temas a tratar hayan sido estudiados previamente por quienes han de decidir y por el proponente. El Comité de Dirección no es un órgano de estudio sino de decisión;

- Que se centren las consideraciones en lo importante sin perderse en lo irrelevante;

- Evitar repeticiones en la defensa de una decisión. La repetición de un argumento es indicio de carencia de fuerza en el mismo, además de un atentado a la inteligencia de quienes escuchan;

- En definitiva, el Comité de Dirección evitará la arbitrariedad en las decisiones y dará más cohesión al equipo directivo;

CAPÍTULO 4

Consejo de Familia

Es el Órgano a través del cual la Familia empresaria reúne periódicamente a los miembros familiares, con intereses en los negocios familiares, para debatir, valorar y decidir sobre los diferentes aspectos que interesan al futuro y a las relaciones entre la Familia y las Empresas Familiares.

Este consejo es realmente útil cuando la empresa tiene un tamaño considerable y, sobre todo, cuando la familia empresaria es muy numerosa. Como no es el caso que nos ocupa, la familia decide postergar su creación y asumir en el seno de la familia y del Consejo de Administración aquellos temas propios del Consejo de Familia y que podemos sintetizar en los siguientes:

a) Lograr una sola voz en la familia sobre los asuntos vitales para el negocio familiar y velar por la unidad y armonía de la familia empresaria

b) Garantizar el cumplimiento del Protocolo Familiar

c) Preservar y transmitir el legado familiar

d) Velar para que se realicen en forma y tiempo los procesos de sucesión y de relevo generacional

e) Ocuparse de las carreras profesionales de los miembros de la familia

f) Preparar un buen retiro para los familiares que ceden el liderazgo

g) Decidir sobre temas que afectan a los valores morales de la familia y cuáles de esos valores deben prevalecer

h) Crear un clima adecuado, apreciativo y proactivo, para la toma de decisiones.

Se entraría en los detalles de su funcionamiento y de su composición, tan pronto se considere necesaria su implantación. Mientras tanto se responsabilizará a un miembro de la familia de vigilar que se llevan a cabo las funciones propias del Consejo de Familia.

CLAUSULA NOVENA:
SOLUCIÓN DE CONFLICTOS

Dentro del espíritu del presente Protocolo, debe promoverse siempre la unidad, la concordia y el consenso. Sin embargo, pueden presentarse conflictos en las relaciones familiares, empresariales y profesionales. Los criterios para su solución serán los siguientes:

a) El Gerente y/o Director General mediará y resolverá en los conflictos que se presenten:

   ✓ Entre funcionarios

   ✓ Entre funcionarios y directivos

   ✓ Entre directivos

b) Si los conflictos se presentan entre los Directivos y el Gerente o Director General, será el Consejo de Administración quien mediará y resolverá el conflicto.

c) Si los conflictos se presentan entre los miembros del Consejo de Administración y no puedan solucionarse dentro de dicho Consejo, será éste quien, por mayoría, solicitará la mediación de una persona con capacidad para integrar las relaciones del Grupo Empresario Familiar y que goce de la confianza de la mayoría del Consejo.

d) Si los conflictos se presentan entre los socios familiares de modo que afecten al Patrimonio Familiar, los firmantes de este Protocolo renuncian a los Tribunales y Fueros que pudieran corresponderles, aceptando someterse a los Tribunales de Plasencia. Si la solución del conflicto exigiera la salida de alguno de los socios referidos, éstos aceptan desde este momento la liquidación de sus participaciones de acuerdo a los criterios establecidos en el presente Protocolo..

e) Los conflictos de familia se mantendrán totalmente al margen de directivos o empleados no familiares. Asimismo, se tratará de solucionar dentro del ámbito de la familia, de acuerdo a lo indicado en el apartado c) de la presente cláusula.

f) Tratamiento de las diferencias graves: Si las diferencias existentes en el seno de la Junta de Socios afectaran de manera relevante a la convivencia familiar e hicieran inviable, a juicio de la mayoría de los socios, la toma de decisiones en la empresa; y esta situación se consolidara después de haber tratado de superarla, mediante procesos de mediación objetivos, la Junta de Socios, por mayoría simple, podrá exigir a los miembros familiares disconformes que vendan sus participaciones según se indica en el presente Protocolo.

CLAUSULA DÉCIMA:
GARANTÍAS Y PRESTAMOS

Pensando en el futuro, la empresa familiar sólo podrá asumir deudas a través del Consejo de Administración, quien podrá autorizar al Gerente Y/o Director General y/o a dos apoderados, a contratar y suscribir riesgos y préstamos por el importe y condiciones que determine en su momento el Consejo de Administración.

Sin embargo, queda prohibido, sin excepción alguna, prendar las participaciones y acciones a favor de terceros, si antes no ha sido autorizado, de modo expreso y escrito para cada operación, por el Consejo de Administración.

Como excepción a lo anterior, si algún socio familiar pasa por una necesidad económica significativa a juicio del Consejo de Administración, y siempre que la Empresa Familiar tenga capacidad para ello, podrá estudiarse un préstamo o un aval de la Empresa al familiar necesitado, con las garantías que el Consejo de Administración estime necesarias, aunque este estudio nunca se interpretará como una obligación para la empresa.

CLAUSULA UNDÉCIMA:
PROCESO DE SUCESIÓN

La sucesión no es un acto aislado, sino un conjunto de procesos, que afectan a los objetivos y expectativas de la Familia y de las Empresas. Estos procesos van desde interesar a los Familiares en participar en las Empresas, hasta formarles adecuadamente para que libremente decidan incorporarse en la gestión y dirección de los negocios familiares.

Hay algo a tener muy en cuenta por quienes ejerzan el liderazgo en cada momento de la historia de la Familia y del Grupo Empresario: **que la sucesión nunca debe ser un problema a heredar por el Sucesor.**

1. Criterios: al ser el proceso de sucesión un factor crítico en la supervivencia de las Empresas Familiares, preparar adecuadamente la sucesión e impulsar la misma en el momento adecuado será ocupación constante de la Familia y específicamente del Consejo de Familia, cuando éste esté formalmente constituido. Para ello se tendrán presentes los siguientes criterios:

a) En las Empresas Familiares, cuando se habla de sucesión se piensa en una sucesión global en el liderazgo de las mismas. La necesidad de que la coordinación de las Empresas Familiares esté concentrada en una persona es consecuencia de la importancia de la unidad en las Empresas Familiares.

b) La elección del sucesor en el liderazgo de las Empresas Familiares se ha de realizar teniendo en cuenta los siguientes factores:

✓ Ser miembro directo de la Familia

✓ Estar identificado con los valores de la Familia y del Grupo Empresario

✓ Tener las capacidades necesarias para asumir dichas funciones

✓   Que cuente con el consenso de la Familia implicada en el Grupo Empresario

2. Período de asunción del Liderazgo

Se inicia cuando el directivo familiar asume oficialmente la condición de líder del Grupo Empresarial. Para que esta etapa sea positiva se requiere:

a) Que quienes hayan ejercido el liderazgo hasta ese momento, se retiren, procurando que se cumplan las dos siguientes condiciones:

✓ Que el sucesor esté preparado para ello a juicio del Consejo de Administración;

✓ Que el líder, a ser sucedido en las Empresas Familiares, esté todavía con capacidad para supervisar adecuadamente y durante varios años la actuación del sucesor. Esperar hasta el último momento es arriesgar imprudentemente la continuidad de las Empresas Familiares;

b) El líder de las Empresas Familiares ha de transferir al sucesor la lealtad de sus colaboradores, esto es, de todas aquellas personas que han sido fieles a aquél.

c) El Consejo velará para que en los sucedidos no se produzcan actitudes, como las siguientes:

✓ Retirarse a medias. Es decir, suelta las responsabilidades y se queda con el poder;

✓ Interferir la actuación del sucesor, para justificar su retorno;

d) Asimismo, para las futuras generaciones, se establece la edad de 72 años, como edad tope para seguir gobernando las Empresas Familiares, salvo que el Consejo de Administración establezca o autorice lo contrario, a la vista de las circunstancias concretas de la familia, de la empresa y de la sociedad.

e) Si, como consecuencia del proceso evaluativo, el Consejo estima que ninguno de los familiares reúne las condiciones para liderar la sucesión, tomará la decisión de nombrar, como futuro líder de dichas Empresas a uno o varios no familiares. Ahora bien, tan pronto lo permitan las circunstancias se restaurará la situación de que la función de Líder del Grupo Empresarial Familiar sea desempeñada por un miembro de la familia.

f) Una vez que el/los líderes fundadores se retiren de sus funciones, el desempeño de los líderes que le(s) sucedan ha de ser evaluado anualmente por el Consejo de Administración en base a los resultados obtenidos y a las circunstancias que se hayan producido. La evaluación a todos los niveles es garantía de éxito en la empresa y de justicia.

3. Elección del sucesor en el Liderazgo

Razones de salud o personales del líder de la Empresa Familiar puede acelerar el proceso de la sucesión, y consecuentemente, el momento de realizar ésta. Sin embargo, con la mayor antelación posible, la Empresa Familiar debe tener previsto un sistema de normalidad para realizar una sucesión ordenada.

Cuando haya sido formalmente establecido el Consejo de Familia, la elección del Sucesor será siempre función de dicho Consejo. Hasta tanto esté constituido el Consejo de Familia, la elección del Sucesor en el liderazgo del Grupo Empresarial Familiar será función del Consejo de Administración. Se recomienda un informe evaluativo de una reconocida empresa especializada en evaluación de capacidades directivas.

CLAUSULA DUODÉCIMA:
CAPITULACIONES MATRIMONIALES Y SEPARACIÓN DE BIENES

Se acepta la situación actual de los esposos Quesada-Izquierdo que se rige por bienes gananciales. Ahora bien, en el futuro, cada uno de los socios que se incorporen a la empresa deberán previamente otorgar escritura de Capitulaciones Matrimoniales y/o separación de bienes, adoptando en la misma los acuerdos necesarios para evitar que, por una parte, las participaciones en la empresa del cónyuge socio no sufran tensiones que puedan dañar a la empresa, y, por otra, aislar el patrimonio del cónyuge no socio y a los hijos de los avatares empresariales, evitándoles de este modo posibles daños.

CLAUSULA DÉCIMO TERCERA:
CÓDIGO DE ÉTICA

De acuerdo a los principios, que dan vida al presente Protocolo Familiar, los firmantes se comprometen a tener en todo momento actitudes acordes con aquellos principios y, en concreto, a lo siguiente:

CAPÍTULO 4

1. Los familiares que en el futuro se incorporen a la Empresa Familiar en condición de accionistas, de directivos o de empleados firmarán previamente ante Notario el Protocolo Familiar que esté vigente en ese momento.

2. Los familiares, miembros del Consejo de Administración, se comprometen a servir a la Empresa Familiar con comportamientos y decisiones que beneficien de modo justo y en igualdad a todos los miembros familiares.

3. Asimismo, se comprometen a contribuir a la unidad de la Familia y de la Empresa Familiar, evitando actitudes agresivas, intemperantes o que signifiquen salirse del buen tono que siempre debe ser norma de conducta del Grupo Familiar.

4. También se comprometen a no realizar, directa o indirectamente, actividades que estén competencia con las realizadas por la Empresa Familiar, salvo autorización expresa y escrita del Consejo de Administración o del Consejo de Familia, si estuviera formalizado.

5. Igualmente se comprometen a mantener la confidencialidad sobre todo lo tratado y observado en los órganos de decisión y en el quehacer diario de la empresa. Sólo el Consejo de Administración determinará expresamente y por escrito qué, quien y a quién ha de transmitirse la referida información.

6. A no ser causa de escándalos, tanto financieros, como penales, así como a no realizar actividades ilícitas, que afecten el buen nombre de la Familia y de la Empresa Familiar.

7. A no atentar contra el Patrimonio Familiar, bajo ninguna de sus formas: apropiación indebida, alterar los datos contables o administrativos, asumir compromisos o riesgos de cualquier tipo en nombre de las Empresas Familiares, salvo los autorizados por el Consejo.

8. Cuando alguno de los Consejeros o socios familiares necesite usar para fines personales a RRHH, bienes o equipamiento de la Empresa Familiar, se requerirá la autorización expresa del Presidente del Consejo o del Gerente de la empresa.

9. Si alguno de los miembros del Consejo de Administración incurriere en faltas graves, relativas a los apartados anteriores, serán sancionados según lo establezca la mayoría del Consejo. En esta decisión no podrán participar los afectados. Dependiendo de la gravedad del caso, el Consejo puede decidir por simple mayoría un apercibimiento o una sanción económica, e incluso la salida del afectado del Consejo de Administración o de la misma Empresa.

Si la sanción implica que el afectado se retire del Consejo y/o venda sus acciones al resto del Grupo Familiar, se deberá contar con el voto unánime de los miembros del Consejo. El afectado no vota en este caso.

CLAUSULA DÉCIMO CUARTA: VALORACIÓN DE PARTICIPACIONES

De acuerdo al contenido del presente protocolo pueden producirse situaciones en las que sea necesario realizar una valoración de las participaciones y, por tanto, de la empresa. Las circunstancias actuales en las que Ibéricos Quesada, S.L. estaría en su fase inicial aconsejan fijar los criterios de valoración más que realizar ésta.

Criterios de valoración: los socios por unanimidad pueden fijar el justiprecio de las participaciones que les parezca razonable y también el modo de realizar dicha valoración. Ahora bien, para aquellos casos en los que no exista unanimidad se establece lo siguiente:

1. La valoración será realizada por una empresa externa especializada, elegida por la mayoría de los socios.

2. Quien realice la valoración habrá de tener en cuenta los siguientes temas:

   a) El Patrimonio Neto de la empresa;

   b) El cómputo de plusvalías y minusvalías de los activos y pasivos de la empresa;

   c) La capacidad de generación futura de rentas de la empresa;

   d) El horizonte temporal de la generación de rentas será de cinco años;

   e) El tipo de interés a tener en cuenta para realizar el apartado *c)* puede determinarse en función de los bonos del Estado a un plazo similar al horizonte temporal de la generación de rentas;

3. Los costos de realizar la anterior valoración corren a cargo de la empresa.

CLAUSULA DÉCIMO QUINTA:
VIGENCIA DEL PROTOCOLO

Como la finalidad del presente Protocolo es establecer las reglas de juego por las que deben regirse las relaciones entre la Empresa Familiar y los miembros de la familia que se relacionan con aquéllas por vínculos laborales y accionarios, este Protocolo tendrá una vigencia indefinida, aunque se aconseja su revisión, como mínimo, cada tres años y también cuando nuevas circunstancias aconsejen su modificación. Para ello, se requerirá la conformidad de los accionistas familiares, que posean, al menos, las dos terceras partes de las acciones.

En prueba de conformidad, las partes firman el presente Protocolo Familiar en Plasencia en dos ejemplares de un mismo tenor, siendo el día 11 de diciembre del año dos mil catorce.

Fdo.: Ernesto Quesada Izquierdo.   Fdo.: Esperanza Sánchez Salamanca

Fdo.: Ernesto Quesada Sánchez   Fdo.: Ana Quesada Sánchez

Fdo.: Dolores Quesada Sánchez   Fdo.: Ignacio Quesada Sánchez

ANEXO II:
Definiciones de
Protocolo Familiar

1. El Protocolo Familiar se refiere a las normas que clarifican la interacción de la familia con la empresa. Es un documento escrito y firmado por los miembros de la familia, que surge del consenso entre los familiares propietarios de la empresa (M.A. Gallo: Los Secretos de las Empresas Familiares centenarias – Deusto, 2003).

2. El Protocolo Familiar es un documento escrito que contiene los acuerdos que la familia establece respecto de su relación con la empresa y la propiedad, es decir, vinculando a la familia con los otros dos círculos de la Empresa Familiar (Jon Martínez, Cátedra ESE, Universidad de los Andes – El Protocolo Familiar, Amat-Corona Editores).

3. Es frecuente establecer unas relaciones entre los miembros de la familia y las empresas, que ayuden a garantizar puntos como su unidad, armonía, continuidad en la propiedad, rendimiento económico, excelencia en la dirección de la empresa, etc., a lo que llamaremos Declaración de Principios, Manifiesto de Familia o Protocolo Familiar (John L. Ward NT DGN-448. IESE).

4. El Protocolo Familiar es un documento escrito que contiene un conjunto de normas y procedimientos que regulan las relaciones familia/empresa (Josep Tápies y Lucía Ceja – Cátedra IESE, DI-931, 2011).

5. El Protocolo Familiar es un acuerdo entre la familia propietaria para profesionalizar la empresa; es decir, para generar ese pensamiento estratégico continuo, generar las normas de cómo trabaja la organización y, al mismo tiempo, consolidar las ventajas competitivas de la empresa familiar: la unidad, el compromiso y la confianza (Gonzalo Gómez y Mª Piedad López – Protocolo Familiar I, 2006).

6. Un Protocolo Familiar es un conjunto de principios y reglas escritas, derivadas del diálogo y consenso, que regulan la relación entre la familia y el negocio, y que son vividas por una familia empresaria (Rafael Rodríguez Díaz – El Protocolo Familiar, ¿sí ó no? Septiembre, 2012).

7. El Protocolo Familiar se concibe como una constitución familiar, un documento que contiene las normas básicas de relación entre la familia, la propiedad y la empresa, que requieren un desarrollo a través de otros instrumentos jurídicos, como Estatutos Sociales, Capitulaciones Matrimoniales, Testamento y Pactos Parasociales (Confederación de Empresarios de Navarra – Empresa Familiar, Documento 3, 2007).

8. Conjunto de pactos suscritos por los socios entre sí o con terceros con los que guardan vínculos familiares, que afectan una sociedad en la que tengan un interés común en orden a lograr un modelo de comunicación y consenso en la toma de decisiones para regular las relaciones entre familia, propiedad y empresa, que afectan a la entidad (Real Decreto 171/2007)

ANEXO III:
Normas de IFC sobre Gobierno en la Empresa Familiar

La junta directiva es una institución central en el gobierno de la mayoría de las compañías, incluyendo las de propiedad de familias. El papel, la estructura y la composición de la junta directiva varían de una empresa familiar a otra. Suelen estar determinados por el tamaño y la complejidad de la empresa y la madurez de la familia propietaria.

Durante los primeros años de su existencia, la mayoría de las empresas familiares crean una junta directiva a fin de cumplir con requisitos legales. Conocida como una "junta de papel", su propósito está limitado generalmente a aprobar los estados financieros de la compañía, los dividendos y otros procedimientos que requieren la aprobación de la junta directiva por ley. Estas juntas directivas generalmente se reúnen entre una y dos veces al año (dependiendo de la regulación local) y sus sesiones duran un período muy corto de tiempo. La junta directiva, en este caso, está compuesta exclusivamente por miembros de la familia y, en algunos casos, por unos pocos ejecutivos de mucha confianza. Es también muy frecuente ver a las mismas personas sirviendo como ejecutivos y directores de la junta directiva, a la vez que son dueños de la compañía. Este tipo de estructura de gobierno agrega poco valor a la empresa familiar, ya que cada elemento de esta estructura (junta directiva, alta gerencia y familia) podría separadamente jugar un papel más activo y constructivo dentro del gobierno de la compañía. En consecuencia, los papeles se mezclan, lo que puede generar conflictos e ineficiencias en la supervisión de la compañía y su decisión estratégica.

A medida que la empresa familiar se vuelve más compleja, se vuelve necesario depender de la junta directiva para jugar un papel activo en temas más importantes, como fijar la estrategia de la compañía y supervisar su desempeño gerencial. Estas tareas exigen que la junta directiva se reúna más frecuentemente y que tenga la suficiente pericia e independencia como para cuestionar a la alta gerencia de la compañía. Es aquí cuando la junta directiva de la empresa familiar se vuelve más organizada, bien enfocada y abierta a directores externos independientes.

Antes de pasar a una junta directiva plenamente profesional que tenga la capacidad de actuar en el mejor interés de la empresa, independientemente de la alta gerencia y los accionistas controladores, muchas empresas familiares crean una junta asesora que complementa las capacidades y calificaciones de sus directores actuales. En este caso, la junta asesora trabaja estrechamente con la junta directiva de la compañía y la alta gerencia para tratar todos los temas estratégicos clave que enfrentan la empresa.

1-Juntas Asesoras

1.1. Definición y Papel de la Junta Asesora

La junta asesora es un grupo de personas experimentadas y respetadas que muchas empresas familiares forman cuando sus propias juntas directivas de directores quedan compuestas sólo de miembros de la familia y ejecutivos de la compañía. En este caso, la junta directiva podría carecer de la pericia y perspectiva externa en ciertas áreas estratégicas como comercialización, finanzas, administración de recursos humanos y mercados internacionales. En consecuencia, se crea entonces la junta asesora para compensar las

CAPÍTULO 4

faltas de la junta directiva sin que la familia diluya cualquier control sobre la toma de decisiones o se le requiera que comparta información con personas externas. La junta asesora puede agregar valor también a la empresa familiar a través de las conexiones comerciales que sus miembros podrían tener.[1]

La junta asesora suele considerarse una "solución de compromiso" entre una junta directiva dominada por la familia y una junta más independiente. Muchas empresas familiares reconocen la necesidad de una junta directiva independiente, pero también se sienten incómodas compartiendo información sensible de la compañía y el poder de tomar decisiones con un grupo de personas externas. Estas empresas familiares generalmente optan por la creación de juntas asesoras como una forma de obtener asesoramiento y pericia de afuera mientras mantienen el control de la verdadera junta directiva de la compañía. Con el tiempo, y una vez que la familia ve el valor agregado de la junta asesora, algunos de sus miembros pueden ser invitados a unirse a la junta directiva de la compañía.

1.2. Composición de la Junta Asesora

El tamaño más práctico para una junta asesora es de 3 a 7 miembros. Mantener pequeño el tamaño de esta junta ayudará a conservar su eficacia y posibilitará que sus miembros comuniquen claramente sus ideas al resto del grupo. Los miembros de la junta asesora generalmente son expertos en la industria y el mercado de la empresa familiar o en otras áreas como finanzas, comercialización y mercados internacionales. También brindan pericia y experiencia

---

[1] Fred Neubauer e Alden G.Lank, *The Family Business: its Governance for Sustainability* (Routledge New York, 1998).

cuando la empresa familiar ingresa en nuevas actividades o países. La junta asesora generalmente se reúne entre 3 y 4 veces al año, dependiendo del tamaño y la complejidad de las operaciones de la empresa familiar. El Director General y unos pocos ejecutivos de la empresa familiar también pueden formar parte de la junta asesora a fin de coordinar y orientar las discusiones de las reuniones hacia las necesidades de la compañía.

A fin de asegurar la objetividad de los miembros de la junta asesora, las siguientes personas no deberían formar parte de esta junta:[2]

- Proveedores de la compañía o entidades que le venden a la compañía.

- Amigos de los dueños que no pueden ofrecer ninguna facultad pertinente.

- Proveedores de servicios para la compañía existentes (Ej. banqueros, abogados, auditores externos, asesores), ya que sus consejos ya son provistos de otras formas, y su objetividad e independencia podrían ser cuestionables porque están trabajando para la compañía y están siendo pagados por ella.

- Personas que tienen un conflicto de intereses al ser asesores de la compañía.

- Personas que ya están comprometidas en exceso y no podrían llevar a cabo correctamente sus papeles como miembros de la junta asesora.

[2] Richard Narva y Beth Silver, *"How to Create Effective Governance in a Family Controlled Enterprise"*, NACD Directors Monthly, August 2003.

CAPÍTULO 4

1.3.Ventajas y Desventajas de las Juntas Asesoras

La siguiente tabla resume algunas ventajas y desventajas clave de las juntas asesoras:[3]

Junta Asesora	
Ventajas	• Sus miembros no tienen ninguna responsabilidad legal; esto reduce el costo de la compañía (no es necesario un seguro) y facilita reclutar miembros (ya que la membresía no es tan riesgosa como formar parte de la junta directiva de la compañía). • Puede brindar a la compañía habilidades adicionales, facultades técnicas y conocimientos que no están disponibles en el nivel de la alta gerencia y de la junta directiva actuales. • Sus consejos suelen ser imparciales. • Sus miembros pueden ofrecer nuevos contactos que pueden llevar a ventas o fuentes de capital adicionales.
Desventajas	• La junta asesora funciona como un grupo de expertos cuyo consejo no es seguido sistemáticamente por la com- pañía. En consecuencia, la junta asesora podría no ser tomada en cuenta con la misma seriedad que una verdadera junta directiva. • La junta asesora no tiene autoridad para requerir información de la alta gerencia, así que sus recomendaciones sólo pueden basarse en lo que la alta gerencia está dispuesta a compartir con ella. • Los miembros de la junta asesora tienen poca o ninguna influencia en la supervisión de la estrategia y el desempeño de la alta gerencia. • La falta de responsabilidad legal hace que sea difícil que los miembros de la junta asesora respondan por sus consejos. • Algunos miembros de la junta asesora podrían no tomar en serio su papel y no aportar la preparación y contribución necesarias, como lo harían si fueran miembros de la junta directiva.

[3] Fred Neubauer e Alden G.Lank, *The Family Business: its Governance for Sustainability* (Routledge New York, 1998).

2- Junta Directiva

2.1.Papel de la Junta Directiva

Los papeles esenciales de una junta directiva que funciona correctamente son fijar la estrategia general de la compañía; supervisar el desempeño de la alta gerencia; y asegurarse de que se encuentre implementada una estructura de gobierno corporativo adecuada, incluyendo un entorno de control robusto, niveles de divulgación suficientes y un mecanismo de protección de accionistas minoritarios adecuado. La cantidad de tiempo y esfuerzo asignado por la junta a cada una de estas áreas dependerá del tamaño y la complejidad de la empresa familiar. Por ejemplo, una compañía con pocos accionistas, procesos comerciales sencillos, controles internos eficientes y un alto nivel de participación de sus dueños en las operaciones necesitará que su junta directiva se centre más en temas de estrategia y planeación de largo plazo.

La junta directiva de una empresa de propiedad familiar debería agregar valor a la empresa y no duplicar actividades ya manejadas por otros órganos de la compañía. Por ejemplo, la junta directiva debe guiar, pero no involucrarse en la administración rutinaria de la compañía, ya que esta es fundamentalmente la tarea de la alta gerencia de la compañía. Además, los directores deberían tener los recursos y la libertad necesarios para supervisar y cuestionar las decisiones y otras acciones realizadas por la alta gerencia y/o miembros de la familia.

Además de estrategia y supervisión, algunas de las principales tareas asignadas a la junta directiva incluyen:[4]

[4] Fred Neubauer e Alden G.Lank, *The Family Business: its Governance for Sustainability* (Routledge New York, 1998).

- Asegurar la sucesión de la alta gerencia.

- Asegurar la disponibilidad de recursos financieros.

- Asegurar que los sistemas de control interno y de administración de riesgos de la compañía sean adecuados.

- Informar a los dueños y otras partes interesadas.

2.2. Composición de la Junta Directiva

La composición y tamaño de la junta directiva dependerá del tamaño y complejidad de las operaciones de la compañía. Si bien no hay ninguna fórmula sencilla para determinar la cantidad adecuada de directores para todas las empresas familiares, la mejor práctica recomienda tener un tamaño de junta manejable, es decir de 5 a 9 miembros. Las ventajas de un tamaño de junta menor incluyen: una mayor eficiencia, ya que los directores tendrán mejores posibilidades de comunicarse, escucharse unos a otros y mantener las discusiones bien encaminadas. Además, es más fácil organizar reuniones de la junta y alcanzar el quórum para un grupo pequeño que uno más grande.

La siguiente tabla resume algunas ventajas y desventajas clave de las juntas asesoras:

Características Personales	Calificaciones Profesionales
• Integridad personal y rendición de cuentas • Capacidad para trabajar en equipo	• Experiencia en la industria • Buen juicio comercial

• Buenas habilidades de comunicación • Liderazgo • Fuertes habilidades analíticas • Coraje/valor, autoconfianza y capacidad de cuestionar a otros directores, miembros de la familia y ejecutivos	• Habilidad y destreza en áreas pertinentes (a ser definidas por la compañía). Éstas podrían incluir: Estrategia; Comercialización; Legal; Finanzas y Contabilidad; Administración del Riesgo y Control Interno; Recursos Humanos; y Gobierno Corporativo • Vínculos y conexiones útiles

2.3. Deberes de los Directores

Los directores son elegidos por los accionistas de la compañía y deberán actuar en el mejor interés de la compañía, ejerciendo cuidado al hacerlo. Los siguientes son los principales deberes de los directores:[5]

El Deber de Cuidado: Antes de tomar una decisión, los directores deben actuar de una forma razonable y hacer un esfuerzo de buena fe para analizar y considerar toda la información pertinente y material disponible para su consideración. Bajo el deber del cuidado, los directores deberán:

• Estudiar cuidadosamente cualquier información material disponible para ellos, antes de tomar alguna decisión.

• Actuar con diligencia y competencia.

• Tomar decisiones con plena información y después de plenas deliberaciones.

[5] NACD, *"The Board of Directors in a Family-Owned Business"*, Director's Handbook Series, 200

- Asistir en forma regular a las reuniones de la junta directiva, ir preparados a esas reuniones y participar en ellas activamente (esta parte del deber de cuidado se conoce también como "el deber de la atención" o "el deber de la obediencia").

El Deber de Lealtad: Al realizar sus deberes, los directores deberán ser leales a la compañía, poniendo esta lealtad por encima de todo otro interés. Los directores no podrán beneficiarse personalmente de ninguna acción tomada en nombre de la compañía. Bajo el deber de la lealtad, los directores deberán:

- Poner los intereses de la compañía por encima de todo interés personal o de otro tipo.

- Divulgar inmediatamente cualquier conflicto de interés al resto de la junta directiva.

- Abstenerse de votar en cuestiones que podrían involucrar un conflicto de interés personal.

3-Directores Independientes

3.1.Importancia de los Directores Independientes

Establecer una junta directiva fuerte e independiente es una decisión sabia que la mayoría de las familias en empresas toman una vez que las operaciones de la compañía alcanzan un tamaño y complejidad críticos. Un estudio realizado en Estados Unidos de más de 80 compañías de propiedad familiar conducidas por la tercera generación o una generación posterior, mostró que la existencia de una junta directiva activa y externa (no controlada por la familia) era el elemento más crítico en la supervivencia y el éxito de estas compañías.[6]

Sin embargo, en la realidad, cuando se trata de la membresía de la junta directiva, la mayoría de las empresas familiares reservan este derecho a miembros de la familia y, en algunos casos, a pocos ejecutivos de mucha confianza no de la familia. Esta práctica suele usarse como una forma de mantener el control de la familia sobre la dirección de su empresa. Lamentablemente, la ausencia de directores independientes exteriores podría hacer difícil que una empresa familiar tuviera acceso al conocimiento y la competencia que le faltan. Los directores realmente independientes cuestionarán también las ideas de la familia y agregarán más disciplina a las reuniones de la junta directiva. Además, la presencia de directores independientes durante las reuniones de las juntas directivas desalentará a los miembros de la familia de perder tiempo valioso en temas familiares y concentrarse en cambio en la estrategia y la supervisión de la empresa. Finalmente, los directores independientes también pueden cumplir un papel de "amortiguadores" entre los distintos miembros de la familia en caso de que estos tengan puntos de vista contradictorios sobre temas comerciales.

Algunas de las ventajas de tener directores independientes incluyen:[7]

---

[6] John Ward, *Creating Effective Boards for Private Enterprises* (Family Enterprise Publishers, 1991).

[7] Fred Neubauer e Alden G.Lank, *The Family Business: its Governance for Sustainability* (Routledge New York, 1998).

- Traer una perspectiva exterior sobre la estrategia y el control.

- Agregar nuevas habilidad y conocimiento que podrían no estar disponibles dentro de la compañía.

- Traer un punto de vista independiente y objetivo de la familia.

- Tomar decisiones de contratación y promoción independientemente de los vínculos familiares.

- Actuar como un elemento equilibrante entre los distintos miembros de la familia y, en algunos casos, servir como jueces objetivos de desacuerdos entre ejecutivos miembros de la familia.

- Beneficiarse de sus contactos y conexiones comerciales y de otro tipo.

3.2.Definición de Independencia de los Directores

La definición de independencia de los directores difiere de un mercado a otro; sin embargo, sus principales componentes siguen siendo los mismos. El principio general es que un director independiente debería estar libre de vínculos con la gerencia, los controladores (familia) y otros que podrían influir en su juicio. La siguiente es la definición de IFC de directores independientes:

Definición Indicativa de Director Independiente[8]

"Director independiente" significa una persona que:

1. no ha sido empleada por la Compañía o sus Partes Relacionadas en los últimos cinco años;

2. no es y no está afiliada con una compañía que es una asesora o consul- tora de la Compañía o sus Partes Relacionadas;

3. no está afiliada con un cliente o proveedor significativo de la Compañía o sus Partes Relacionadas;

4. no tiene ningún contrato de servicio personal con la Compañía, sus Partes Relacionadas o su alta gerencia;

5. no está afiliada a una organización sin fines de lucro que recibe financiamiento significativo de la Compañía o sus Partes Relacionadas;

6. no está empleada como ejecutivo de otra compañía donde alguno de los ejecutivos de la Compañía sirve en la junta directiva de esa compañía;

7. no es miembro de la familia inmediata de una persona que está o ha estado durante los últimos cinco años empleada por la Compañía o sus Partes Relacionadas como oficial ejecutivo;

8. no está, ni ha estado en los últimos cinco años, afiliado o empleado por un auditor actual o anterior de la Compañía o de una Parte Relacionada; o

9. no es una persona controladora de la Compañía (o miembro de un grupo de personas y/o entidades que ejercen colectivamente control efectivo sobre la Compañía) o el hermano, la hermana, padre, madre, abuelo, abuela, hijo, hija, primo, prima, tío, tía, sobrino, sobrina de dicha persona, o cónyuge, viudo, viuda, pariente político, heredero, heredera, legatario y sucesor de algunas de las personas anteriores (o cualquier fideicomiso o arreglo similar de la cual dichas personas o una combinación de ellas son las únicas beneficiarias) o el ejecutor, administrador o representante personal de cualquier Persona descrita en este subpárrafo que ha muerto o es legalmente incompetente,

y, para los propósitos de esta definición, una persona será considerada "afiliada" a una parte si dicha persona: (i) tiene un interés de propiedad directo o indirecto en; o (ii) está empleada por dicha parte; "Parte Relacionada" significará, respecto de la Compañía, toda persona o entidad que controla, es controlada por o está bajo el control común de la Compañía.

---

[8] International Finance Corporation, http://www.ifc.org/ifcext/corporategovernance.nsf/Content/CGTools- FamilyFounderUnlisted.

CAPÍTULO 4

4- LA ALTA GERENCIA EN UNA EMPRESA FAMILIAR

La alta gerencia es una parte esencial de la estructura de gobierno corporativo de la empresa familiar y su calidad afecta directamente el desempeño de la compañía y la riqueza familiar. Los miembros de la alta gerencia (ejecutivos) están a cargo de implementar la dirección estratégica fijada por la junta directiva y de manejar las operaciones rutinarias de la compañía. Tener los ejecutivos adecuados al frente de la compañía es un elemento clave del éxito de la empresa familiar.

1- Ejecutivos de la Familia vs. Ejecutivos no de la familia

Durante los primeros años de su existencia, las empresas familiares suelen estar dirigidas y gerencialas por el fundador(es). Su estructura gerencial puede permanecer bastante informal y el poder de toma de decisiones está concentrado en las manos del fundador(es) y unos pocos familiares cercanos. Esta estructura gerencial generalmente funciona bien durante la etapa temprana de desarrollo de la compañía. Un fundador o fundadores motivados y laboriosos suelen ser la principal razón del éxito de una empresa familiar en esta etapa.

A medida que la compañía crece en tamaño y sus operaciones comerciales se vuelven más complejas, se vuelve necesaria una estructura gerencial más formal, un proceso de toma de decisiones descentralizado y un órgano gerencial calificado para abordar la complejidad de la empresa y las operaciones rutinarias más desafiantes. Lamentablemente, muchas empresas familiares no toman en cuenta la necesidad de profesionalizar sus empresas y guardan las posiciones de alta gerencia exclusivamente para miembros de la familia. Si bien muchos de estos miembros de la familia son ejecutivos hábiles que agregan valor a su empresa, a menudo no están calificados para realizar dichas tareas. Aun en los casos en que todos los miembros de la familia son buenos ejecutivos, podrían no tener las habilidades y la pericia que requiere una compañía más grande y compleja. Las familias exitosas en los negocios entienden que, en el largo plazo, algunos miembros de la familia deberían dar un paso al costado y ser reemplazados por personas externas más profesionales y hábiles.

Asegurar que la compañía de propiedad familiar tenga la alta gerencia adecuada es un proceso que debería comenzar temprano, tan temprano como la etapa del fundador(es) en la empresa familiar. Algunos de los pasos de este proceso son:

- Analizar la estructura organizacional y contrastar los papeles y responsabilidades actuales y óptimos (comparados con compañías similares) de cada alto ejecutivo.

- Diseñar una estructura organizacional formal que defina claramente los papeles y las responsabilidades de todos los altos ejecutivos.

- Esto debería estar basado en las necesidades de las operaciones actuales y futuras de la compañía.

- Evaluar las habilidades y calificaciones de la alta gerencia actual basándose en la nueva estructura organizacional.

- Reemplazar y/o contratar a ejecutivos.

- Descentralizar el proceso de toma de decisiones y los niveles de aprobación según sea necesario. El poder para tomar decisiones debería estar vinculado con los papeles/

responsabilidades de los ejecutivos, y no con sus vínculos de sangre con la familia.

- Establecer una clara política de empleo familiar y poner su contenido a disposición de todos los miembros de la familia.

- Desarrollar un programa de capacitación interno que permita a los empleados capaces estar preparados para asumir tareas de mayor responsabilidad en el futuro.

- Establecer un sistema de remuneraciones que brinde los incentivos adecuados para todos los ejecutivos, que dependan de su desempeño y no de sus vínculos con la familia.

La tabla siguiente resume cómo las empresas familiares abordan algunos temas de empleo, según si están priorizando la familia o la empresa:[9]

Tema	Compañías que Ponen a la Familia Primero	Compañías que Ponen a la Empresa Primero
Compensación	*El mismo pago para todos.* A todos se les paga lo mismo, independientemente de su experiencia y contribución a la empresa. Se espera que los miembros de la familia competentes se ocupen (mediante compensaciones, beneficios, etc.) de sus hermanos y primos que no alcanzan el nivel de competencia.	*La compensación está basada en el desempeño y la responsabilidad.* La compensación está basada en medidas del mercado y la industria, no en necesidades de la familia. Las rendiciones de cuenta y las relaciones de reporte se comunican y entienden claramente. Los que se desempeñan bien reciben un buen pago. Se puede despedir a miembros de la familia en casos de bajo desempeño.

[9] Mike Cohn, "Does your Company Put Family or Business First?", *The Business Journal of Phoenix,* January 2005

Liderazgo	*El liderazgo está basado en la antigüedad* antes que en las competencias y éxitos demostrados. La longevidad en la empresa familiar puede ser más valorada que trabajar y tener éxito fuera de la empresa.	*Asegurarse de que el liderazgo sea algo que se gana.* El mantra de la familia es tener a "los mejores y más brillantes" dirigiendo la empresa, sean de la familia o no. Pueden reclutarse ejecutivos no de la familia dentro de la industria, si bien algunas compañías desarrollan exitosamente sus propios altos ejecutivos.
Asignación de Recursos de la Empresa	*Los recursos de la empresa son usados para las necesidades personales de los miembros de la familia* (vivienda, coches, compras personales, etc.).	*Los recursos de la empresa son usados estratégicamente.* Hay una clara separación entre los bienes de la empresa y de la familia. El presupuesto y la planeación son importantes; las ganancias se usan para iniciativas de crecimiento o son pagadas como dividendos.
Capacitación	*No hay programas de capacitación formal.* Se espera que los miembros de la familia aprendan las prácticas de la empresa intuitivamente.	*Se reconoce a tiempo la necesidad de capacitación formal.* Las capacitaciones son programadas y realizadas para enseñar a los miembros de la familia las prácticas necesarias de la empresa.

CAPÍTULO 4

2-Sucesión del Director General y de los Ejecutivos

La sucesión del Director General y de los ejecutivos es probablemente el tema más importante que enfrentan las compañías, incluyendo las de propiedad familiar. Esto ocurre porque los ejecutivos de una compañía suelen ser los impulsores de su desempeño, crecimiento y supervivencia. El tema de la sucesión gerencial es aún más importante para las empresas familiares ya que se vuelve especialmente espinoso a medida que crece la familia y aparecen varios candidatos potenciales para la alta gerencia de diversas ramas de la familia. Muchas empresas familiares demoran la planeación de la sucesión de sus ejecutivos hasta el último minuto, lo cual lleva a crisis que a veces pueden causar la desaparición de la empresa familiar. Una deficiente planeación de la sucesión de la alta gerencia podría ser, por cierto, una de las razones por las que la mayoría de las empresas desaparecen antes de alcanzar su tercera generación.[10]

Esta sección del Manual brindará principalmente algunos consejos básicos acerca de cómo establecer un sano proceso de sucesión del Director General dentro de la empresa familiar. La mayor parte de estos consejos pueden ser usados también para una sucesión tranquila para los otros ejecutivos de la empresa familiar.

Las familias en la empresa podrían desconocer la necesidad de planificar la sucesión de su Director General por muchas razones. Algunas de estas razones incluyen:[11]

- Los miembros de la familia demoran la decisión a fin de no crear fricciones potenciales entre miembros de la familia en el

---

[10] Fred Neubauer e Alden G.Lank, *The Family Business: its Governance for Sustainability* (Routledge New York, 1998).
[11] Ivan Lansberg, "The Succession Conspiracy", *Family Business Review,* June 1988; Fred Neubauer e Alden G.Lank, *The Family Business: its Governance for Sustainability* (Routledge New York, 1998).

caso que haya varios Directores Generales potenciales dentro de la familia.

- Los miembros de la familia demoran la decisión porque ningún miembro de la familia actual o persona de afuera es considerado capaz de reemplazar al Director General actual.

- Los miembros de la familia evitan tratar este tema a fin de no hablar de la pérdida eventual de un líder de la familia (el Director General actual).

- El Director General actual se rehúsa a reconocer que la compañía puede sobrevivir sin él o ella y/o tiene miedo del retiro y se niega a tratar temas de sucesión.

2.1. Importancia de un Plan Formal para la Sucesión de la Alta Gerencia

La sucesión de la alta gerencia es un proceso que sigue varios pasos a fin de asegurar la sucesión correcta de posiciones de alta gerencia clave, incluyendo el de Director General. Un plan de sucesión formal asegura la continuidad de la empresa y, por lo tanto, aumenta la probabilidad de supervivencia de una empresa familiar al pasar de una generación a la siguiente. El propósito de este plan es asegurar que las habilidades y el liderazgo necesarios para reemplazar cualquier ejecutivo saliente estén disponibles cuando se los necesite. Un plan de sucesión eficaz del Director General debería permitir la selección de la persona más competente (sea un miembro de la familia o no) como el próximo Director General. Además, es crucial involucrar a todos los miembros de la familia, la junta directiva, los ejecutivos clave y otras partes interesadas externas en el proceso de selección y asegurarse de que estén de acuerdo en la elección del próximo Director General.

CAPÍTULO 4

2.2.Pasos de un Plan de Sucesión Formal del Director General

El proceso de planeación de la sucesión del Director General generalmente difiere de una empresa familiar a otra, dependiendo de la complejidad de la empresa, el grado de participación de la familia en ella y la disponibilidad de candidatos competentes para Director General de dentro de la familia. A continuación hay un proceso paso a paso que puede ayudar a las empresas familiares a prepararse mejor para la sucesión de su Director General:[12]

Comenzar Temprano: Muchos asesores de empresas familiares recomiendan comenzar el proceso de selección del próximo Director General tan pronto se designe el Director General actual. Esto asegurará la continuidad de la empresa y brindará a la compañía un nuevo Director General que fue escogido y preparado cuidadosamente para suceder al actual. El inicio temprano del proceso de selección del Director General es especialmente importante si se espera que el siguiente Director General sea escogido de dentro de la familia. En este caso, el proceso de seleccionar y preparar al siguiente Director General de la generación más joven llevaría más tiempo que si el Director General es escogido de afuera de la familia.

En la mayoría de las empresas familiares es el Director General actual quien inicia el proceso de planeación de la sucesión. Una junta directiva activa también puede jugar un papel importante al insistir en establecer un plan de sucesión si el Director General actual no lo está asumiendo suficientemente temprano.

---

[12] Fred Neubauer e Alden G.Lank, *The Family Business: its Governance for Sustainability* (Routledge New York, 1998).

Crear Sistemas de Desarrollo de Carrera: Un plan de sucesión exitoso es aquel que escoge al mejor candidato posible para el trabajo, independientemente de si el candidato está relacionado con la familia o no. Si el próximo Director General será escogido de la familia o entre sus empleados actuales, deberá crearse un riguroso sistema de desarrollo de carrera para preparar a los Directores Generales potenciales. Dicho sistema mejoraría la competencia de los candidatos para Director General al ofrecerles toda la educación y capacitación necesarias, y dándoles una realimentación periódica sobre su desempeño dentro de la compañía.

Algunas empresas familiares deciden contratar a un Director General externo si no hay ningún buen candidato para Director General disponible dentro de la familia o entre sus empleados. En este caso, un comité de la junta directiva (por ejemplo, un Comité de Nominación) debería liderar la planeación de la sucesión del Director General. El comité comenzaría por fijar los criterios de selección para el próximo Director General antes de buscar candidatos adecuados. Además, a muchas empresas de propiedad familiar les resulta útil emplear cazatalentos profesionales para tener acceso a un fondo más amplio de candidatos.

Buscar Consejos: Especialmente al estrechar la lista de sucesores potenciales, el Director General debería obtener consejos de los directores independientes externos de la junta directiva. De no existir estos, deberán consultarse ejecutivos de confianza no de la familia. A algunas familias les resulta útil obtener la opinión del consejo familiar en el proceso de selección, especialmente si el candidato a Director General es de la familia.

CAPÍTULO 4

Construir Consenso: El éxito del futuro Director General depende en buena parte de que sea aceptado por los grupos de interés clave involucrados en la compañía. Se vuelve entonces obligatorio involucrar a todos los grupos de interés en el proceso de selección del Director General, incluyendo la junta directiva, los ejecutivos no de la familia, y los miembros de la familia.

Aclarar el Proceso de Transición: Una vez que se ha escogido un sucesor adecuado a Director General, deberá desarrollarse un claro proceso de transición, tanto para el Director General actual como para su sucesor. Este proceso de transición debería especificar la fecha de la transición y también definiría los niveles de participación del Director General actual luego de su retiro (consejos al sucesor, miembro de la junta directiva, actividades adicionales, etc.).

PERFÍL DE
LOS AUTORES

¡Larga vida a la empresa familiar!

José Álamo Ramírez

Nacido en Montiel en 1942, es Economista de la Universidad Complutense de Madrid (España). Tiene más de 30 años de vida profesional en Banca y asesoramiento financiero, principalmente como Director Regional de Banco Atlántico y Banco Pastor (España). También fue Consejero Director General del Banco de Asunción (Paraguay) y del Banco del Plata (Uruguay).

Con más de 15 años como asesor de empresas familiares en Latinoamérica y España, ha escrito numerosos artículos sobre empresa familiar. Es PDG de la Escuela de Negocios IESE (Barcelona, España) y coach ejecutivo certificado por TISOC International School. Ha sido miembro de la Comisión de Industria de la Cámara de Comercio de Zaragoza (España), profesor de Administración de Empresas en la Universidad Católica de Asunción y de Ética Empresarial en la Universidad Autónoma de Asunción (Paraguay).

Manchego casado con la madrileña Ana María Hernández Assiego desde hace 48 años, es padre de 6 hijos y consultor senior de Invivus Consulting: *www.invivus.es*.

Pablo Álamo Hernández

Socio de Invivus Consulting, es Doctor y Máster en Economía y Empresa por la Universidad de Comillas (Madrid, España) con la tesis doctoral sobre factores determinantes de la innovación en la empresa familiar.

Consultor empresarial internacional en temas de estrategia, innovación y empresas familiares, es profesor-investigador de la Universidad Sergio Arboleda (Colombia) y profesor internacional distinguido en CETYS Graduate School of Business (Baja California, México). Coach certificado personal, de emprendedores y de ejecutivos por la Escuela Internacional TISOC (Barcelona, España).

Colabora con instituciones académicas de Argentina, México, España, Ecuador, Venezuela, República Domenicana, entre otros países.

Autor de numerosos "business case" y de cinco libros, entre los que destacan "El fenómeno Trump" (2016) y "La solución Pékerman" (2014), dos libros donde el autor expone grandes aprendizajes de liderazgo. LinkedIn: *www.linkedin.com/in/pabloalamoh/.*

BIBLIOGRAFÍA

- Amat, J. (2004). La sucesión en la empresa familiar. Deusto Barcelona.

- Amat, J. y Corona, J. (2007): El Protocolo Familiar. Deusto.

- Cardoso, M. P. (2018). Governança familiar: os benefícios do protocolo familiar às empresas familiares.

- Dyer, W. (1986): Cultural Change in Family Firms: Anticipating and Managing Business and Family Traditions, Jossey-Bass, San Francisco.

- Dyer, W. (2003): "The Family: The Missing Variable in Organizational Research", Entrepreneurship: Theory and Practice, Vol. 27, Nº 4, pp. 401-416.

- Drucker, P. (2004). Qué hace eficaz a un ejecutivo. Harvard business review, 2-7.

- Freire, E. y Pico, F. (2015). Sucesión en las Empresas Familiares: Análisis de los factores estratégicos que influyen en la dinámica familia-empresa. Revista Politécnica, 35(2), 113.

- Gallo, M. (1998): La Sucesión en la Empresa Familiar. La Caixa.

- Gallo, M. y Amat, J. (2003): Los Secretos de las empresas familiares centenarias. Deusto.

- International Finance Corporation (2011): Manual de Gobierno de las Empresas Familiares. Banco Mundial.

- Koenig, N. (2000): ¡No puedes despedirme, soy tu padre! Deusto.

- Le Van, G. (1999): Guía para la Supervivencia de la Empresa Familiar. Deusto.

- Leach, P. (1993): La Empresa Familiar. Ediciones Granica.

- Neubauer, F. y Lank, A. (1999): La Empresa Familiar. Deusto.

- Paladino, M. (2017). De la empresa familiar a la familia empresaria. LID Editorial.

- Quintana, J. (2012). Guía práctica para el buen gobierno de las empresas familiares. Instituto de la empresa familiar.

- Sainz de Vicuña, J. (2003). El plan estratégico en la práctica. ESIC MARKET.

- Vanoni, G., y Mar, J. (2015). Protocolos: un instrumento para mediar conflictos en empresas familiares. Desarrollo Gerencial, 7(2).

- Ward, J. y otros (2012): Las paradojas de la empresa Familiar. Deusto.

- Ward, J. (2006): El Éxito en los Negocios de Familia. Norma.

- Davis, J.A. y Tagiuri, R. (1982). "Bivalent Attributes of the Family Firm", en Aronoff, C.E.y Ward, J.L.: Family Business Sourcebook, Omni graphics, Inc.

AGRADECIMIENTOS

Hemos puesto en estas páginas muchos años de experiencia profesional y casi todo lo que sabemos sobre empresa familiar. Queremos dar las gracias a quienes han hecho posible este libro.

En primer lugar, nos gustaría hacer una mención especial a la Cámara de Comercio de Zaragoza, España, en la que vimos siempre una ocupación constante por la empresa familiar. Igualmente, a muchos empresarios aragoneses y riojanos, con quienes mantuvimos conversaciones largas y siempre enriquecedoras, cuyo contenido está presente en estas páginas.

En segundo lugar, a Francisco Marín García, fundador de Confecciones Marín; y a Germán Rodríguez, fundador de Confecciones Rodríguez, quienes fueron un ejemplo de creatividad y dedicación a la empresa familiar, generando riqueza y trabajo en el Campo de Montiel, nuestra tierra. Y por extensión, a tantos empresarios manchegos que nos han aportado ideas y aprendizajes muy valiosos acerca de los retos de las familias empresarias.

Por otra parte, es imposible no recordar a tantos empresarios latinoamericanos que

AGRADECIMIENTOS

conocimos en Paraguay, Uruguay, Argentina, Colombia y México. Entre muchos nombres que merecen ser citados, queremos evocar la figura de don Oscar Birks, pionero del turismo en Paraguay, quien tanto nos enriqueció mientras nos abría el alma y nos transmitía sus experiencias personales, y a los fundadores de Nuestra Señora de la Asunción, especialmente a Demetrio Rojas, por su ejemplo y amistad. Un cariño especial guardamos a Alexis Frutos Vaesken (Q.E.P.D.) y Luis María Zubizarreta, dos extraordinarios paraguayos y amigos, que han contribuido a nuestra experiencia con su criterio y sentido común, el primero; y con su visión y capacidad de emprendimiento, el segundo, valores tan necesarios en las empresas familiares.

La lista de empresarios familiares a los que también deberíamos citar agradecidos es muy extensa. A todos ellos va nuestro profundo reconocimiento.

Merecen ser mencionados también los maestros de la empresa familiar que han sido parte de nuestra formación. Una gratitud especial a los profesores de la Escuela de Negocios IESE, de la Universidad de Navarra, a los maestros de la red académica y científica

AGRADECIMIENTOS

IFERA (International Family Enterprise Research Academy) y a tres autores que han marcado nuestro pensamiento: Peter Drucker, Stephen Covey y Juan Antonio Pérez López.

Por último, queremos dar las gracias a Francisco J. Prada, Corporate Governance Officer del IFC, por su amistad y diligencia para tramitar los permisos pertinentes para poder incluir en este libro un fragmento de la estupenda Guía de Gobierno para Empresas Familiares que con extraordinario criterio impulsó el Banco Mundial.

A nuestro socio Alfredo Meneses, que muy generosamente ha querido prologar este libro, un saludo exclusivo con el deseo de que estas páginas tengan un impacto positivo en las empresas familiares mexicanas, y, desde México, a todo Centro América y más allá, hasta los confines de la Patagonia, donde conocemos la existencia de familias empresarias con vocación de trascender: ¡larga vida a la empresa familiar!

Los Autores